英語教育21世紀叢書

コミュニケーションのための英文法

萩野俊哉――著
クレイグ・ジャクソン――英文校閲

大修館書店

まえがき

　「コミュニケーション」という言葉が日本の英語教育のキーワードになって以来，今ではかなりの年月が経ったような気がする。高等学校のカリキュラムにおいても「オーラル・コミュニケーション (OC)」という新しい科目が導入され，英語を「聞き・話す」能力の育成がより重要視されるようになった。しかし，そこで実際に高等学校の英語教育の現場を見てみると，その流れを真摯に受け止め，実現に向けて日々奮闘努力する先生方がいる一方で，このような方針は単なる「建前」として軽視され，現実にはそれらOCの科目においては，主として文法の解説や演習が行われている場合が多いというのもまた疑いようのない実態であるように思う。なぜ，このようなことが起こるのか。様々な理由が考えられようが，そのひとつには，現行のOCの教科書を使って教えていたのではどうも文法面の指導がおろそかになってしまう，という「恐れ」や「不安」が教える側の教員の中にあるのではないだろうか。つまり，今，現場では「英文法」と「コミュニケーション」とがいわば対立する関係でとらえられているような気がするのである。

　本書は，まずこのような現状認識を前提としながらも，「英文法」と「コミュニケーション」とを対立関係でとらえるのではなく，むしろそれらが調和し，融合した形を具体的に提示することをねらいとする。そして，意味のあるコミュニケーション活動を実際に教室内で行うことを通して，どのようにしたら文法の習熟

が図られるのかを，懇切な指導手順とともに示したいと思う。そして，同時に，それらのコミュニケーション活動を行う際に，ターゲットとなる文法事項がいかに役に立つかということを自然に生徒に体験させることで，「コミュニケーションのための英文法」ということを実感してもらいたい。本書のタイトルはまさにこのような思いから名付けられたのである。

本書の構成をここで説明しよう。本書は，伝統的な文法の枠組みの中でひとつの文法項目を1章として，主だったもの11章から成っている。場合によってはひとつの章はさらにいくつかの節に分けられ，それらの章，あるいは節は次のように構成されている。

1 文法エッセンス
そこで扱う文法事項について，英語コミュニケーション上特に有用であると思われるポイントで，なおかつ，一般に生徒がつまずきやすい点を取り上げて短く解説し，囲みに入れて示す。

解説
上記「文法エッセンス」で提示したポイントについて，ここで詳しく解説する。その際，「生き生きとした」例文ということで，様々な英語の歌の歌詞や有名な文学作品からの引用をふんだんに用いた。いわば，ここが本書のひとつの大きな特長である。

2 Communication Practice
ここでは，「1 文法エッセンス」とそれに続く「解説」の中で述べられた文法ポイントについてその習熟を促す様々な言語活動を用意した。同時に，その文法ポイントが英語コミュニケーションを行う上でとても重要であり，また，役に立つということをそれらの言語活動を実際に行いながら生徒が実感できるように

工夫した。

　本書は，その最初の1ページ目から順に通読してもらえれば一番ありがたい。そうすれば，前述した「おもしろい」例文により多く出会っていただけるであろうし，また，よりたくさんの"Communication Practice"に触れることで，日々のCommunicativeな授業運営に関して役に立つ洞察を得ることがきっとできるものと自負している。しかし，この本書の構成上，ご自分の興味のある個所のみ拾い読みしていただいてもいっこうに構わない。例えば，日々の授業の進度に合わせて，そのときの授業で扱う文法項目についてのみ読んで，参考にしていただくこともできよう。また，授業へ本書を持参し，必要な折に参照してもらうこともできると思う。

　英語が使えるようになるためには，英語について何かを「知っている」だけではダメである。文法についてもまた然り，である。つまり，文法についての知識のみが優先されて教えられているようでは，いわば「畳の上の水練」を助長しているにすぎない。平成11年に告示された新学習指導要領においても，「言語材料の分析や説明は必要最小限にとどめ，実際の場面でどのように使われるかを理解し，実際に活用することを重視すること」という配慮事項があるように，使える英語を生徒に身に付けさせたいと思うならば，やはり生徒に実際に英語を使う練習をさせなければならない。ただ，ここで誤解してはいけないと思うのは，だからと言ってただ「通じればいい」という態度で英語指導を行うのは違うのではないか，ということである。もちろん，場合によってはその「通じること」がまず第一に重視されてしかるべき時もある。しかし，特に中学生や高校生が学ぶのは英語の基礎となるべきものであることを考えれば，適度な「正確さ（accuracy）」

もまた求めてしかるべきであると考える。以上のような観点に立って編まれた本書が，望ましい日本の英語教育に少しでも貢献することができれば，これ以上の幸せはない。

なお，本書の英文については東京都立国際高校講師のクレイグ・ジャクソン氏（Mr. Craig Jackson）に御校閲をいただいた。彼は以前，大修館書店発刊の英語教科書をいっしょに作った仲間であり，日本の英語教育に実際に携わった経験も長く，造詣が深い。御多忙中にもかかわらず，丁寧に英文に目を通してくださり，たくさんの貴重なコメントもしてくださったことに対し，感謝の気持ちでいっぱいである。

最後になったが，本書の出版にあたりお世話いただいた大修館書店の皆様には心より感謝申し上げる次第である。特に，当初より最後まで常に一貫して目を通してくださり，その都度貴重なアドバイスをしてくださった藤田侊一郎氏，また，本書を出版するにあたり最初の原動力を与えてくれた五十嵐靖彦氏，そして，いつも的確な助言と暖かな御配慮で中心となって私を支えてくれた須藤彰也氏には心より厚く御礼申し上げたい。

2000年3月

萩 野 俊 哉

『コミュニケーションのための英文法』目次

まえがき ——————————————————————— iii

第1章 動詞と文型 ——————————————————— 3
1 自動詞と他動詞 ————————————————————— 3
2 〈S＋V＋O＋O〉と〈S＋V＋O＋前置詞句〉 ————————— 11
3 There構文 —————————————————————— 18

第2章 時制 ———————————————————————— 24
1 現在時制 ——————————————————————— 24
2 進行形 ———————————————————————— 31
3 過去時制と現在完了形 —————————————————— 37
4 完了形と完了進行形 ——————————————————— 45
5 時制の一致 —————————————————————— 52

第3章 助動詞と助動詞の代わりをする動詞句 —— 59

第4章 態 ———————————————————————— 70
1 なぜ受動態を用いるのか？ ———————————————— 70
2 注意すべき受動態 ———————————————————— 80

第5章 準動詞 ——————————————————————— 89
1 不定詞 ———————————————————————— 89
2 動名詞 ———————————————————————— 97
3 分詞 ————————————————————————— 105

第6章 関係詞 ——————————————————————— 112

第7章 比較 ———————————————————————— 123

第8章 仮定法とifの用法 ———————————————— 136
1 直説法と仮定法 ————————————————————— 136

2　注意すべき仮定法の用法 ─────────────── 148

第9章 呼応 ─────────────────────── 156

第10章 話法 ─────────────────────── 161

第11章 品詞 ─────────────────────── 166

1　名詞 ──────────────────────── 166
2　代名詞 ─────────────────────── 172
3　冠詞 ──────────────────────── 179
4　形容詞 ─────────────────────── 187
5　副詞 ──────────────────────── 192
6　前置詞 ─────────────────────── 200
7　接続詞 ─────────────────────── 203

参考書目 ─────────────────────────── 209

本書で引用した歌と文学作品のリスト ─────────────── 214

あとがき ─────────────────────────── 217

索引 ───────────────────────────── 219

コミュニケーションのための英文法

1 動詞と文型

　英語の文の中心的な機能を果たすのは動詞である。それは，いわゆる基本5文型が動詞の種類によってその型を変えることからも明らかである。動詞の使い方を正しくマスターすることは，英文読解はもとより，特に英語を書いたり話したりする際に非常に重要になる。

　この章では，「動詞と文型」というテーマで，中学生・高校生が特につまずきやすい3つのポイント（「自動詞と他動詞」，「＜S＋V＋O＋O＞と＜S＋V＋O＋前置詞句＞」，「There 構文」）を取り上げる。

1 自動詞と他動詞

1 文法エッセンス No.1

　自動詞と他動詞とを取り違えるのは主に日本語に引きずられるためである。ただし，そのような動詞は数が限られており，まとめて学習することで慣れさせたい。

(例)　lie, lay, rise, raise, consist, apologize, agree, wait, attend, oppose, discuss, approach, enjoy, believe, marry

> 解説

　「自動詞は目的語をとらない動詞であり，他動詞は目的語をとる動詞である」という事実のみを知っていてもあまり意味がない。また，ある動詞についてそれが自動詞か他動詞かを覚えておくこと自体もナンセンスである。というのも，英語の動詞の多くは自動詞用法と他動詞用法の両方を兼ね備えているし，また，次の例のように，文脈や動詞そのものの意味から目的語が明白なため，その目的語は省略されてしまう場合も多いからである。

　He turned away and walked quickly up the passage. I locked the door and followed. (*CBDG*, p.153)

　Only two or three hundred men belonged to the Union before the war, now thousands joined. (*ibid*.)

　Father never smoked or drank. (*ibid*.)

　He had won — and she had helped. (*ibid*.)

　そして，これらの場合でも，英文を読み取る際にはさして大きな障害はない。

　それでは，何が大事か。それは，特に英文を書いたり話したりする際に，自動詞用法と他動詞用法とを正しく使い分けるということである。実際，生徒は discuss の例に代表されるように，自動詞と他動詞とをよく取り違える。これでは，「教養ある」コミュニケーションはできない。生徒はなぜ自動詞と他動詞を取り違えて書いたり話したりしてしまうのか。その詳しい理由については拙著『ライティングのための英文法』で触れたが，要するに主たる原因は，日本語に引きずられてしまうということである。例えば，discussを使おうとすると生徒は「～について議論する」という日本語をイメージして *discuss about ～ と言ってしまう。あるいは，次の例文中の他動詞がみな「～に...」という形で日本語に訳せるので，それにつられて「～に謝る」と訳せる apologize もまた他動詞であると誤認してしまう。

 They *attend* church every Sunday.
 (彼らは毎週日曜日に教会に参列する)
 We *opposed* the construction of the new highway.
 (私たちは新しい幹線道路の建設に反対した)
 The plane *is approaching* Okinawa.
 (その飛行機は沖縄に接近中です)

　このような生徒に対しては，discuss は本来「〜を論じる」ということであり，また，apologize は「〜に対して謝る」ということなので「謝る」という動作の方向性を表す to が必要になる，というふうに各動詞についての英語的な発想という観点から指導しようと思えばそれもできよう。確かに，このような日本語と英語との対応関係に着目するのは言語比較に関する有益な知見を与えてくれるであろう。しかし，この方法はややもすると理屈だけがひとり歩きをする危険性があり，むしろ，現実の言語使用の場面でそれらの動詞を瞬時に「使いこなす」ということを第一に考えた場合，やはり多くの実例に触れさせながら適切なコンテクストの中でそれらを実際に使わせる指導が求められるところである。幸い，このように生徒が混同しやすい動詞の例はさほど多くない。したがって，次で示すような活動を通して一気にまとめて指導してしまうと効果的である。

2　Communication Practice

A．指導のねらい

1．自動詞と他動詞の取り違えを避け，それらを正しく使うことができるようにする。
2．与えられた対話文の内容や流れを的確に把握した上で，自由にその対話を続け，英語での自己表現につなげる。

B．指導の流れ

① 生徒一人ひとりに次のプリントを配付する。

WORKSHEET

Class (　　), No. (　　), Name：＿＿＿＿＿＿＿＿＿＿

Correct errors, if any, in the following underlined parts.

Yoko : Hello, Sally. You didn't attend to the last English club activity. What was the matter?

Sally : I was in bed all day because I caught a cold. How was the club activity? Did you enjoy?

Yoko : Oh, it was terrible. We discussed about a certain topic in English, as usual. And we were all well involved in the discussion.

Sally : Uh-huh.

Yoko : After a short time Hitomi raised her hand and expressed her opinion. I thought it was very persuasive.

Sally : So did you agree her?

Yoko : Yes, of course. I actually supported her idea, but Keiko opposed to Hitomi's idea very strongly.

Sally : I guess you all had a heated discussion.

Yoko : You're right. But when I was leaving school after the club activity, Keiko approached me and said, "Yoko, you're stupid. Your idea is all wrong!" Then she just ran away.

Sally : Really? I can't believe!

Yoko : But it's true, Sally. I was very shocked, you know, because I thought she was one of my best friends.

Sally : (   ).

② 下線部の英語に誤りがあれば直すように指示する。

[注] 生徒は，最初は自分ひとりで答えを考えてノートにその答えを記入し，その後，ペアを組んでノートを見合わせながら答えを話し合う。

◆ (解答)

- You didn't attend to the last English club activity. (誤り)

  →You didn't attend the last English club activity.

- Did you enjoy? (誤り)

  →Did you enjoy it?

- We discussed about a certain topic in English (誤り)

  →We discussed a certain topic in English

- Hitomi raised her hand (誤りなし)

- did you agree her? (誤り)

  →did you agree with her?

- Keiko opposed to Hitomi's idea very strongly. (誤り)

  →Keiko opposed Hitomi's idea very strongly.

- Keiko approached me (誤りなし)

- I can't believe! (誤り)

  →I can't believe it!

③ 生徒を指名しながら，全員で答えをチェックし，プリントの下線部の英文を正しく直して書き換える。その際，会話文全体も，流れに沿って解説する。

④ 最後の Sally のセリフが空欄になっているが，そこに入る適当な英文を各自で考えて書くように指示する。

(例) a ． Well, I think Keiko should apologize to you. She was very rude.

　　b ． Keiko is not being fair to you. She should have said that DURING the discussion, not AFTER the discussion.

　　c ． Something was wrong with Keiko at that time. I think she regrets saying such a thing to you. You should forgive her.

　［注］ここではおそらく，上の例 a ．のように，apologize を使って英文を書く生徒が大勢いると思われる。apologize は上述したように，他動詞と誤りやすい自動詞であり，to を落とさないよう再度注意を促す良い機会となろう。

⑤　生徒を何人か指名して，④の英文を発表させ，それらを板書する。いくらかコメントをそれらに加えた後，どの英文が最も良いと思うか，挙手をさせて人気投票をするのもおもしろいだろう。

⑥　ペアを組んで，ひとりは Yoko，もうひとりは Sally になって対話練習をする。終わったら，役割を換えてもう一度練習する。

⑦　ペアを何組か指名して，全体の前で対話させる。ここでもまた，最後の Sally のセリフについては，その都度板書して，必要なコメントを加えても良いであろう。

バリエーション活動

　上記の対話文は長すぎるということであれば，次のようにひとつの動詞にのみ焦点を当てながら対話文を短くして行うこともできる。

(例)　（　）内に入る最も適切な文を下から選んで入れなさい。

その後，ペアでそれぞれの対話文を発展させ，さらに話を続けなさい。

(1) A : How was the party yesterday?

　B : (　　　)

　　a. I enjoyed with myself very much.

　　b. I enjoyed to myself very much.

　　c. I enjoyed myself very much.

　　d. I got enjoyed myself very much.

[Ans. c.]

◆対話発展例： A : How was the party yesterday?

　　　　　　 B : I enjoyed myself very much.

　　　　　　 A : Did you go with your girlfriend, Michiko?

　　　　　　 B : Yes, of course. Oh, your girlfriend Keiko came to the party alone. What's up between you and her?

(2) A : (　　　)

　B : Congratulations! I'd like to meet her.

　　a. I married with an American woman last month.

　　b. I married to an American woman last month.

　　c. I married an American woman last month.

　　d. I got married an American woman last month.

[Ans. c]

◆対話発展例： A : I married an American woman last month.

　　　　　　 B : Congratulations! I'd like to meet her. By the way, how did you meet her?

　　　　　　 A : She is the ALT I am working with.

第1章　動詞と文型　9

C．指導上の留意点と評価

　下線部の誤文訂正で正しい答えが得られなかった生徒は，それぞれの個々の動詞の用法を，特に，自動詞か他動詞かということを中心にもう一度よく復習して身につける必要があると同時に，もっと広く一般的に動詞の自動詞用法と他動詞用法というものに習熟する必要があろう。動詞の正しい用法を知ることは英文を書く上での基礎であり，この点をおろそかにしておくと，いつまでたっても正確な英文を書くことはできない。多少時間をかけてもじっくりと指導する必要があろう。

　最後の Sally のセリフの自由英作文については，文法的な誤りについての訂正と指導はむろん必要であろうが，むしろ，それよりも大切なのは，積極的に自分の考えを英文に表して書こうとする態度や意欲を評価してやることである。具体的には，会話文全体の内容や流れを踏まえた上で，Yoko に対しての適切な応答やアドバイスとなるような英文（できれば，さらに，機知に富んだ英文）を，適度な長さで書き表しているかどうかが，ひとつの観点となろう。また，このような活動を通して，生徒の英文を書く意欲をさらに高めるべく，彼らを支援し，励ますことも，ぜひ必要な手立てであると考える。

2 ＜S+V+O+O＞と＜S+V+O+前置詞句＞

1 文法エッセンス No. 2

＜S＋V＋O＋O＞を用いるか＜S＋V＋O＋前置詞句＞を用いるかは「情報の原則 (information principle)」や「音調」によって決定される。

(例)　He gave me *a birthday present*.
　　　　(a birthday present が新情報)
　　　He gave the present to *Jane*.
　　　　(Jane が新情報)
　　　He gave it *to his new girlfriend*.
　　　　(gave his new girlfriend it は不均衡)

解説

　　Working for peanuts is all very fine but I can show you a better time.
　　(コツコツ働くのもいいさ，でも僕なら君にもっといい目をみさせてあげるよ)
　　—John Lennon and Paul McCartney, *Drive My Car* (1965)—
ここに含まれる "I can show you a better time." はいわゆる第4文型（S＋V＋O＋O）の文である。そして，高校生の手にするほとんどの「文法参考書」によれば，これは I can show a better time to you. という第3文型（S＋V＋O＋前置詞句）の英文に書き換え可能である。また，生徒の中にも，それら2つの英文はどちらを使ってもまったく同じ意味であると思っている者が多い。しかし，はたして実際にそうなのか？答えはNo！である。上記のような生徒の理解はあまりにも機械的な「書き換え公

式」にとらわれており、かつ、表面的な文法知識しか持ち合わせていないことを露呈しているにすぎない。以下、順を追って説明しよう。

確かに、＜S＋V＋O＋O＞の最初の目的語すなわち「間接目的語 (Indirect Object)」が2つ目の目的語すなわち「直接目的語 (Direct Object)」の後ろに回り、＜S＋V＋O＋前置詞句＞の形をとる場合がある。

 I'll buy you a diamond ring.

 If it makes you feel alright.

  （お前にダイヤの指輪だって買ってやる。それでお前が満足するなら）

 —John Lennon and Paul McCartney, *Can't Buy Me Love* (1964)—
cf. I'll buy a diamond ring for you.

ここで大切なのは、この2つの文型は意味的に常にイコールで書き換えが可能なわけではなく、それぞれはきちんと使い分けられなければならないということである。それではどのようにして使い分けたらよいのか、その観点は次の2つである。

① 「情報の原則 (information principle)」に従って使い分ける。

英語には「情報の原則」と呼ばれるものがあり、それは、すでにわかっている情報（旧情報：old information）を先に出し、新しい情報（新情報：new information）を後ろ、特に文末に持ってくることをいう（これを「文末焦点化 (end focus)」ともいう）。これがこの場合どのように関わってくるかというと、例えば、What will you buy for me? という質問は「何を私に買ってくれるのか」という「何を」の部分を新しい情報として求めているわけであり、その新情報に該当するのが a diamond ring だとしたら、その質問に対しては I'll buy you a diamond ring. と a diamond ring を文末に据えて＜S＋V＋O＋O＞の形で答えるのが自然であるということである。つまり，ここでは I'll buy a diamond ring for you. という＜S＋V＋O＋前置詞句＞の英文は使えないのである。

② 「音調」によって使い分ける。

この場合，「音調」とは文中の語句の長短などのバランスによる文全体の「調子（＝口調・語調）」のことである。つまり，例えば，He gave it to *his new girlfriend*. あるいは，He gave his new girlfriend *a beautiful diamond ring*. のように，文末に長い語句を据えるのは音調の面で何ら問題はないが，He gave his new girlfriend it. と，直接目的語に短い語句（特に it に代表されるような「軽い」代名詞）がくる場合は音調の面で著しくバランスを欠いてしまい，非常に不自然な響きを持つ英文となってしまうのである。したがって，ここでは He gave his new girlfriend it. という＜S＋V＋O＋O＞の文型を用いることは避けられ，He gave it to his new girlfriend. という＜S＋V＋O＋前置詞句＞の形が用いられることになる。

2 Communication Practice

A．指導のねらい

1. 「情報の原則」や「音調」によって，＜S＋V＋O＋O＞と＜S＋V＋O＋前置詞句＞を正しく使い分ける練習をする。
2. 誰に何をプレゼントするかを決定する中で，ペアで正確に情報のやり取りを行い，またお互いに自由な発想で会話を楽しむ。

B．指導の流れ

① **Teacher :** Yoko is now staying with an American family

in the U. S. She has a host brother, Tom. They're thinking of giving their (host) parents, John and Mary, some nice Christmas presents. They're going to exchange presents with each other, too. Then, finally, they decided to choose the presents from the following list.

と言って，次の絵を生徒に見せる。

② 生徒にペアを組ませ，一方に以下のような陽子のプレゼントのリスト・カード，他方に Tom のプレゼントのリスト・カードを持たせる（カードはお互いに見せ合わないこと）。

Yoko's List Card for the Presents:

	Yoko	Tom
To John:	a sweater	( )
To Mary:	a bunch of flowers	( )
To Tom:	a CD	To Yoko: ( )

Tom's List Card for the Presents:

	Tom	Yoko
To Father:	a pair of gloves	( )
To Mother:	a purse	( )
To Yoko:	a book	To Tom: ( )

③ ペアで次のような会話を行うことで,相手が誰に何をプレゼントすることに決めたかを聞き出し,自分のカードの空所を埋めるように指示する。

(例) **Yoko :** What will you give to John?

　　Tom : I'll give him a pair of gloves.

　　　　　How about you?

　　Yoko : I'll give him a sweater.

④ 何組かのペアに③での会話を発表させながら,クラス全体でそれぞれのカードの空所に入るものを確認する。

⑤ **Teacher :** Yoko and Tom have just bought their presents. They're now looking at the presents in Tom's room, and checking who will get or receive each present.

と言って,次のような会話をペアで行うことで,どのプレゼントが誰のところに行くのかを確認させる。

(例) **Yoko :** Who will you give this pair of gloves to?

　　Tom : I'll give it to Father. Who will you give this sweater to?

　　Yoko : I'll give it to John.

⑥ 何組かのペアに⑤での会話を発表させる。また,教師から生徒へ次のような質問をして,確認することもできる。

(例) **Teacher :** Who will Tom give the pair of gloves to?

第1章 動詞と文型

Student : He'll give it to his father.
Teacher : Yes, that's right.

バリエーション活動（発展）

②のリスト・カードを次のようなものにする。

Yoko's List Card for the Presents:

	Yoko	Tom
To John:	a sweater	( )
To Mary:	a purse	( )
To Tom:	a CD	To Yoko: ( )

Tom's List Card for the Presents:

	Tom	Yoko
To Father:	a sweater	( )
To Mother:	a purse	( )
To Yoko:	a CD	To Tom: ( )

そして、③の会話では、次の例のようにペアで自由に会話しながら、それぞれ自分のプレゼント・リストを決定させる。

(例)　**Yoko** : What will you give to John?

　　　Tom : I'll give him a sweater.

　　　Yoko : Really? I want to give him a sweater, too! Actually, I've already found a good one at a shop downtown.

　　　Tom : O.K. Then I'll give him a pair of gloves.

Yoko : That's a good idea! You can probably find some nice ones at the same shop, too.

C．指導上の留意点と評価

1. ③の会話では，旧情報が先にきて新情報が文末にくるという「情報の原則」に従って＜S＋V＋O＋O＞の形をとらなければならないこと，そして，⑤の会話においては「情報の原則」と合わせて「音調」の面からも，今度は＜S＋V＋O＋前置詞句＞の形が用いられるということを理解させたい。

2. ③や⑤における会話を，次のような「プラスアルファ」の内容を盛り込んだものにできるとさらによいだろう。

(例)　**Yoko :** What will you give to John?
　　　Tom : I'll give him a pair of gloves.
　　　Yoko : That sounds nice! The gloves he wears now look shabby, you know.
　　　Tom : Yes, you're right. Then what will you give him?
　　　　…

3. 「バリエーション活動」は，お互いに話し合い，交渉してひとつの決着を見なければならない，いわば"negotiation game"である。相手を説得したり，あるいはお互いに妥協したりするプロセスを大切にしたい。また，ペアでの会話は生徒の自由な発想を引き出しながら楽しませたい。例えば，プレゼントはあらかじめ与えられた6種類のものに限定せず，新しく自分で考えたものを持ち出してきてもよいだろうし，陽子とTomが2人いっしょでひとつのプレゼントをJohnやMaryに渡すということも十分考えられる。

3 There 構文

1 文法エッセンス № 3

There 構文は，相手にとって新しい情報となるであろう人や物の存在を知らせるために用いる。次の3つの英文の違いを生徒に認識させたい。

a. A letter was in my shoe box.
b. There was a letter in my shoe box.
c. The letter was in my shoe box.

解説

大多数の生徒はまず上記3つの英文の違いはわからないだろう。加えて，次のような英文を平気で言ったり書いたりする。

　　d．*There was the letter in my shoe box.

すなわち，彼らはthere構文の「真髄」を知らず，ただ何となくわかったつもりになっているのである。

さて，そんな生徒たちに教えなければならないことは何か。それはまず，前節の「情報の原則 (information principle)」のところでも触れたように，英文は「旧情報」から「新情報」へと流れていくのが大原則であるということである。例えば，This is a pen. という英文においては，Thisという話者と聞き手がお互いに了解しているもの（旧情報）から話を始めて，「これは（鉛筆やシャープペンシルなどではなく）ペンである」という，相手にとって新しいと思われる情報（新情報）で文が終わっている。

このような観点で上記 a., b. の英文を見ると，a. では新情報と見なされる a letter がいきなり文頭に据えられており，「情報の原則」に違反した形となっている。その結果，a. の文はやや

唐突で不自然に響く。一方，b. の文は，文頭にはthereを据え，新情報 a letter をなるべく後ろに据えて自然に導入しようとする手立てが施されている。このように，いわゆる there 構文とはもともと相手にとって新情報となるであろう人や物の存在をスムーズに知らせるための文であり，言ってみれば，文頭の there は「さあ，あなたがきっと知らない情報をこれから提供いたしますよ」ということを伝える「信号 (signal)」のような働きをしていると考えられるのである。次の例文は Shakespeare の *Hamlet* の最終場面で，デンマークに無事帰ったハムレットが語るセリフである。

　　There's a divinity that shapes our ends,
　　Rough-hew them how we will.
　(最後の仕上げは神の業，
　　荒削りこそ人なれど ...)
　—William Shakespeare (1564-1616), *Hamlet,* v. 2—

ここでは，ハムレットが今やっと自分の心や意志を超えたところに，天の定め，神の力 (a divinity) が存在するということを悟った様子が述べられている。ハムレット，そして我々読者にとっても "a divinity" とはまさに「新情報」なのである。

以上のようなことから，例えば，すでに相手がそのことを知っているということを示す定冠詞 the などによって限定された名詞（句）が There is/are に続くことは本来ありえないわけで，上記 d. の例文が誤文となるのはそのような理由のためである（ただし，これには例外がある。詳しくは拙著『ライティングのための英文法』pp. 12-13を参照）。一方，c. の例文は，お互いに知っている「例の，その」手紙 (the letter) がどこにあったのかということを相手に告げるための文であり，ここでは「情報の原則」が矛盾なく適用されていることを確認していただきたい。

2 Communication Practice

A．指導のねらい

1．上記「文法エッセンス No. 3」に基づいて，正しく There 構文等を用いる練習をする。
2．ペアで「間違い探し (Spot the Difference)」や「記憶ゲーム (Memory Game)」を楽しむ。

B．指導の流れ

① 生徒はペアを組み，一方の生徒は下の Picture Card A を，他方の生徒は Picture Card B を持つ（カードはお互いに見せ合わないこと）。

② 2つの絵には全部で7つ違うところがあることを告げ，生徒は次の会話例にならって，ペアでなるべく早くそれらの違いを見つけ出す。(以下会話例)

　　A : There is a towel behind the door in my picture.

　　B : The towel is on the knob in my picture.

　　A : All right. Then we've found one difference.

（注：この例で，difference のひとつが明らかになり，これからは残り6つの difference を探すことになる）

③ 時間を見計らって活動をストップし，各ペアでわかったことを次のようにノートにまとめるように指示する。

We found five more differences but couldn't find the last.

(1) There is a clock on the shelf in picture A, but the clock is on the table in picture B.

(2) There is a telephone book behind the telephone in picture A, but the telephone book is on the shelf in picture B. . . .

Picture Card A

Picture Card B

④ いくつかのペアより発表してもらい，クラス全体で正解を確認する。(以下正解例)

a. (会話例より) There is a towel behind the door in picture A, but the towel is on the knob in picture B.

b. There is a clock on the shelf in picture A, but the clock is on the table in picture B.

c. There is a telephone book behind the telephone in picture A, but the telephone book is on the shelf in picture B.

d. There is a magazine under the table in picture A, but the magazine is on the table in picture B.

e. There is a vase on the table (next to the cup) in picture A, but the vase is next to the telephone in picture B.

f. There is a pair of slippers in front of the door in picture A, but the pair of slippers is under the table in picture B.

g. There is a [one] picture on the wall in picture A, but there are two pictures on the wall in picture B.

バリエーション活動

(1) Picture Card B の絵をプリントしたものを各生徒に配付し，1分間だけ見せた後，そのプリントを絵を下にして伏せるように指示する。

(2) ペアを組み，次のような会話を行いながら，ノートに英文をまとめていくように指示する。(以下会話例)

ⓐ **A**: There are two pictures on the wall.
   B: That's right. There are two pictures on the wall.

ⓑ **A**: There is a clock on the shelf.
   B: No, I don't think so. I remember that the clock is on the table.
   A: Are you sure?
   B: Yes, I'm absolutely sure.
   A: O. K. Then, "There is a clock on the table."

(ノート例)

> ⓐ There are two pictures on the wall.
> ⓑ There is a clock on the table. ...

(3) 何人かの生徒から，ノートにまとめた英文を発表してもらい，クラス全体で正解を確認する。

(正解例)

a. There are two pictures on the wall.
b. There is a clock on the table.
c. There is a telephone under the pictures.
d. There is a vase next to the telephone.
e. There is a telephone book on the shelf.
f. There is a cassette player on the shelf.

...

C．指導上の留意点と評価

　上記の活動は，前置詞の使い方に慣れるための活動としても有効である。もっとも，ここでは生徒には there 構文そのものにより集中してもらいたいということであれば，次のような前置詞をあらかじめ提示してその意味を確認しておいてもよい。

(例)　behind, in front of, under, in, between,
　　　next to, on, on top of, etc.

また，語彙の面で不安があれば，これについても事前に与えておくこともできよう。

(例)　a knob, a vase, a cassette player, a shelf,
　　　a saucepan, etc.

　上の2つの活動とも，「何がどこにある」という点で相手にとっての新情報をお互いに与えなければならない活動であり，したがって必然的に there 構文が使われることになる。また，お互いの情報を確認したり，修正したりするために，定冠詞 the のついた名詞を主語として文頭に据える，上記「文法エッセンス No. 3」のc.の形も「情報の原則」に基づいて用いられなければならない。そして，これらのことを十分に踏まえた活動が行えたかどうかが，評価の際の最大のポイントとなろう。

2 時　　制

　英語の初学者にとってまず大きなハードルとなるのが，この「時制」の理解である。指導する側も大いに骨がおれる。その原因のひとつは，日本語での時制の表し方と英語でのそれとではかなり異なる場合が少なくないからである。例えば，「来週，彼女は16歳になる」といった場合，日本語では「来週」という副詞だけで未来のことを表すことができるが，英語の場合は動詞の形を変えなければならない。この章では，英語の時制に関する指導の中で，生徒が特につまずきやすい5つのポイントを取り上げる。

1　現在時制

1　文法エッセンス №.4

　主節の動詞がある「時」を明確に表している場合，従属節ではそれと同じ「時」を表す動詞より形の上で単純（simple）なものがしばしば用いられる。
（例）　You'll find Coca-Cola wherever you *go*.
　　（Not ... ~~wherever you *will go*.~~）
　　（*PEU*（*NEW EDITION*），p.583）
　　　I hadn't understood what she *said*.
　　（More natural than ... what she *had said*.）

> (*ibid.*)
>
> 「時や条件を表す副詞節の中では，現在時制が未来時制の代用をする」のはこのためである。
>
> (例) If it *is* [**will be*] fine tomorrow, we will go on a picnic.

解説

　私が教師になって初めて生徒から受けた質問は，実は上記のポイントに関することであった。教師になった1年目の4月，ちょっと息抜きにと，学生時代によく聞いていた John Denver の *Leaving on a Jet Plane* (1967) を生徒たちに聞かせた。これは，旅立つ男が後に残していく女性に対して語りかける歌であり，例えば次のくだりなどは当時の私の男心をくすぐったものである。

　　When I come back, I'll bring your wedding ring.
　　So kiss me and smile for me,
　　Tell me that you'll wait for me,
　　Hold me like you'll never let me go.

　さて，授業後，ある生徒がやって来て，「先生，2番の歌詞に "When I come back, I'll bring your wedding ring." とあるけれど，なぜ When I will come back, ... とならないんですか？「私 (I)」が「帰ってくる (come back)」のは未来のことなのに...」と質問した。予想外のスルドイ質問に当時の私はすっかりたじろいでしまい，その答えたるやシドロモドロの惨たんたるものだったことだけはよく覚えている。

　しかし，今なら「ドンと来い！ まかせておけ！」である。確かにその生徒の指摘の通り，when I come back の部分は「未来」のことを言っている。しかし，それはどこからわかるのか？そう，それは主節の I'll bring your wedding ring. で未来時制が

使われており，それとの関係からわかるのである。英語に限らず人間が使う言葉というものは，「無駄な」ことは形として表さず，なるべく省いたり簡単に言ったりする傾向がある。これもその一例であり，わざわざ when I *will come* back と言わなくても，それが未来のことを表すということは主節との関係で誰の目にも明らかであるので，形の上でより単純・平易な"come"という現在形を用いるのである。上記「文法エッセンス No. 4」で述べたことは要するにこのようなことであり，ちなみにさらに例文としては次のように副詞節として用いられる whether 節やその他の疑問詞節，あるいは関係詞節を用いたものも挙げられる。

I'll have a good time **whether** I **win** or **lose**.
(*PEU* (*NEW EDITION*), p.583)

I'll go **where** you **go**. (*ibid*.)

He says he'll give five pounds to anybody **who finds** his pen. (*ibid*. p.584)

2 Communication Practice

A．指導のねらい

1. 「時や条件を表す副詞節の中では，現在時制が未来時制の代用をする」というルールに慣れ，それに基づいて実際に英語が使えるようになる。
2. 小グループを作り，「英文カルタ取り」ゲームを楽しむ。

B．指導の流れ

① 生徒に5～6人から成るグループを作らせ，机を合わせて座らせる。
② 各グループに，次のカードを配る。

1. If it (rains/ will rain) tomorrow,	we won't go for a drive.
2. When she (comes/ will come) to the party,	I'll ask her to dance with me.
3. I don't know	when she (arrive/ will arrive) here.
4. As soon as you (are/ will be) ready,	we'll leave for the party.
5. Until you (call/ will call) me,	I'll wait at home.
6. Unless you (are/ will be) careful,	you'll hurt yourself.

③ グループ内でお互いに話し合いながら、（　　）内から正しい方を選び、○で囲むように指示する。

④ 正解を全体でチェックし、必要ならば解説を加える。

◆ (解答)
1. rains,　　2. comes,　　3. will arrive,
4. are,　　5. call　　6. are

⑤ 今度は各グループに次のカードを配付し、ひとりがいずれか1枚のカードを持ち、左半分のスペースに、以下の接続詞の中からひとつ選んで、文脈に合うように、「時」や「条件」を表す副詞節を作り、記入するように指示する。（6人のグループでは、余ったひとりは、誰かとふたりで1枚のカードを担当す

ることとする。)

7.	I'll kiss you.
8.	we'll not take an English exam.
9.	I'll give you whatever you want.
10.	she'll invite you to her home.
11.	he'll gct angry and fight you.

　{接続詞：when,　after,　before,　till[until],
　　　　　as soon as,　if,　unless }
(例)
　　7．If you buy me a brand-new bike, I'll kiss you.
⑥　上記3.のカードを除いた残り全てのカードの左右を点線で切り離すよう指示し，左半分のカードを各自に2枚持たせる（6人のグループでは，2名がそれぞれ1枚ずつ持つことになる）。右半分のカードは，机の上に重ならないように並べさせる。
⑦　生徒は順に自分の持っているカードに書かれている従属節（＝「時」や「条件」を表す副詞節）の部分を読み上げ，グループの他のメンバーは，その従属節に続く主節となる部分が書かれていると思われるカードを，「カルタ取り」の要領で早い者勝ちで取り上げる。その後，取り上げたカードに書かれてい

る主節と，読み上げられたカードに書かれている従属節とがつじつまが合うかどうかをグループ内で検討・確認させ，それでよしとなった場合は，その英文全体を，レポート用紙に記入させる。一方，もし，つじつまが合わないとなった場合は，もう一度やり直すよう指示する。

⑧　上の⑦でレポート用紙にまとめた英文を，各グループから発表してもらい，全体で話し合ったり，必要なコメントを加える。

バリエーション活動

〈Story Chain〉

1．If it rains tomorrow, we won't go for a drive.
2．If we don't go for a drive, I'll stay home and watch TV.
3．If I stay home and watch TV, my mother will tell me to study.
4．If my mother tells me to study, I'll go to my room and play video games.

   …

(1)　上のように，前の文の主節を次の文では従属節（if 節）にして，グループでストーリーを組み立てていく。やり方としては，次のようにいくつかある。

　a．第1文は教師が与えるか，それとも生徒が考えるか。
　b．自分が書いた文の次にくる文の従属節（if節）は，その生徒が書くか，それとも次の文を書く生徒が書くか。
　c．すでに仲間が書きあげた英文は全部目を通せる状態で自分の英文を考えて書いてよしとするか，直前の文のみ見てよしとするか，それとも自分の書く英文の従属節（if節）のみ見てよしとするか。

それぞれどのようなやり方を選ぶかによって，できあがりの作品の内容も変わってくる。ねらいや状況に応じて使い分けてもらいたい。
(2)　できあがった作品を各グループから発表してもらい，必要なコメントを加えながらクラス全体でさらにコミュニケーションを深める。

C．指導上の留意点と評価

　この活動は全体を通して，生徒同士でお互いに書いた英文を評価したり，話し合ったりする場面が多い。

　まず，上記B③の段階では，生徒同士で助け合いながら答えを選ばせるところが大切である。不明な点について教え合っている姿が見てとれるかどうかが評価のポイントであろう。

　次に，⑤では，節内に現在時制を用いているかどうかをチェックさせると同時に，主節とつじつまの合う従属節かどうかをチェックさせなければならない。ところが，同じグループ内でそれをチェックしたのでは，それ以降のゲームの中身のおもしろさがそがれてしまうので，特に主節とのつじつま合わせのチェックについては，別のグループの誰かにお願いして見てもらうようにするとよい。

　⑦では，やはり生徒同士での評価が活動の重要な要素となる。教師の役割としては，あまり必要以上に口出しはせず，「支援者」として必要最小限のアドバイスを与える心構えでいるべきであろう。また，この⑦では，生徒はいわば「カルタ取り」をするわけであるので，そのルールにのっとって，札（カード）を何枚獲得できるかを競わせ，また，「お手つき」については「一回休み」等のペナルティを課すなど，様々に工夫できるであろう。

　⑧では，各グループのレポート用紙を一旦回収して，授業後目

を通し，次時の授業においておもしろい英文については板書するなどして全員に紹介し，解説やコメントを加えてもよいであろう。また，文法上もし典型的な誤りがあれば，それについても指摘する必要があろう。

2 進 行 形

1 文法エッセンス No. 5

> 進行形は，一時的な動作や状態の進行・継続，あるいは，話者の能動的な態度（意志）を表すために用いられる。なお，進行形をとる動詞ととらない動詞の使い分けに関しては，多くの実例に触れて，慣れるのが一番の早道である。

解説

文法的に細かく見れば，上記の記述には異論があるところかもしれない。しかし，実際のコミュニケーションの場面で進行形が問題になるとしたら，結局のところ上のようにまとめられるのではないだろうか。The Beatlesの *Fixing a Hole* (1967). という曲に，

I'm fixing a hole where the rain gets in

And stops my mind from wandering

（ボクは雨もりを直している。そして，ふっと物思いをやめてみる）

という歌詞があるが，これは進行形で書いてあるので「たまたま今ボクは雨もりを直している」という一時的な動作の進行であることがわかる。しかし，もしこれを Paul McCartney が現在時制を用いて，I fix a hole where the rain gets in ... などと歌った

ら，それは日常の習慣を表していることになり，彼は雨もりを直す何か専門の職業にでもついていることになってしまう。例えば，まずこのような違いについて理解させることが重要であろう。

また，次のように進行形を用いて近い未来や予定を表す場合がある。

　　We are leaving Japan this evening.

これは，「私たちは今晩日本を発つつもりです」という**話者（主語 We）の能動的な態度（意志）**を表した英文と見ることができる。

さらに，上記の「文法エッセンスNo. 5」は，原則として進行形をとらない「状態動詞」が進行形を作る場合をも説明している。例えば，be 動詞は代表的な状態動詞であり，通例，進行形はとらないが，She *is being* kind today.（(いつもは違うのだが) 彼女はたまたま今日は親切にふるまっている）のように一時的な状態を表すときには進行形をとることができる。加えて，see という動詞は知覚・感覚を表す状態動詞であり，これもふつうは進行形はとらないが，「明日，私は医者に診てもらおう」と話者（私）の能動的な態度（意志）を表明したければ，I *am seeing* the doctor tomorrow. と進行形を用いて言うこともできるのである。

ただし，進行形に絡んでのこの「状態動詞」に関する指導はなかなか難しい。というのは，進行形として用いられる状態動詞か否かということは動詞によって決まるのではなく，**その動詞が用いられる意味**によって決まるので，最終的には個々の動詞の用法によく習熟する必要があるのだが，悲しいかなそのような状態動詞はかなりの数にのぼるからである。この点に関する実際の指導のアプローチとしては，ひとつには次のように状態動詞というものをある程度整理してその全体像が見えるように示してやること

である。

* * * * *

以下の動詞は「状態動詞」と呼ばれ，原則として進行形をとることはできない。ただし，例外があるのは前述の通りである。

---

(1) 一般に状態を表す動詞
be 動詞, belong, consist, contain, deserve, differ, exist, matter, own, possess, remain, resemble, etc.
(2) 知覚・感覚を表す動詞
feel, hear, see, smell, taste, etc.
(3) 心理的状態を表す動詞
　a．好悪・希望・欲求を表す動詞
　　like, love, prefer, hate, hope, want, wish, etc.
　b．思考・認識を表す動詞
　　believe, care, consider, doubt, fear, find, forget, imagine, know, regret, recognize, remember, suppose, think, trust, understand, etc.

---

* * * * *

そして，もうひとつの指導アプローチは，理屈だけでなく実際に進行形を使う中で，それらの動詞の用法についてもマスターしていく方法である。その具体例を次で示したいと思う。

2 Communication Practice
A．指導のねらい
1．進行形をとる動詞ととらない動詞とを見極め，区別して使う練習をする。

2．一見，筋の通らないような英文でも，自由に想像力を働かせて自分なりに解釈し，説明する楽しさを味わう。

B．**指導の流れ**

① 生徒にペアを組ませ，次の動詞を板書する。

―― 板書 ――

be 動詞	smoke	make
seem	drink	talk
have	eat	get
understand	rain	play
resemble	like	complain
remember	hate	leave
see	want	give
know	think	wash
believe	forget	do

② 短冊状の紙を全員に配り，下の例のように，その短冊を半分に折って，左半分に進行形を使った短文を自由に考えて書かせる。なお，その際，上で板書した動詞を必ず使うように指示する。また，右半分には，新たな文の出だしとなる＜接続詞＋主語＞を書いておくようにも指示する。

(例)

I was doing my homework at the library,	and I

③ 右半分の＜接続詞＋主語＞の部分だけが目に見えるように，短冊の左半分を下に折り込む形で真ん中で折り，ペアでお互いに短冊を交換させる。

④ 各自，渡された短冊の左半分をめくって見ないようにして，右半分に進行形以外の形を使って自由に英文を書くように指示する（板書された動詞の中から選んで用いてもよいし，その他の動詞を用いてもよい）。

(例)

| I was doing my homework at the library, | and I <u>wanted to see a UFO</u>. |

⑤ 再度ペアで短冊を交換させ，今度は左右を広げて，結局どんな文が出来上がったかをお互いに見せる。そして，その文は一体どんな意味なのかをペアで簡単に話し合わせる。
⑥ 上の②～⑤の作業を何回か繰り返す。
⑦ 時間を見計らってペア活動を終了し，できあがった英文の中で最もおもしろいものをペアで相談してひとつ選ばせ，クラス全体の前で発表させる。

バリエーション活動

上記の活動の⑦を終了後，もう一度生徒はペアで作った英文を全部見直し，今度は各自で英文をひとつ選んで，その文は一体何を意味しているのかを想像力を働かせながらそれぞれがレポート用紙に英語で書いてまとめる（自宅での宿題となろう）。

(例)

〈I was doing my homework at the library, and I wanted to see a UFO.〉

The homework I was doing at the library was about reports of mysterious things that occur around the world. While I was reading about UFO's, I suddenly felt like seeing one. This is what the sentence means.

レポート用紙を回収し，授業後目を通して典型的な文法上の誤り等をメモしておき，次時の授業にそれらを指摘する。同時に，内容的におもしろいものをいくつか取り上げて印刷し，配付してコメントを加えるとよいだろう。また，その後全員のレポート用紙をファイルに綴じて自由に閲覧できる状態にしておき，何日かかけて作品の人気投票をクラスで行ってもおもしろいかもしれない。

Ｃ．指導上の留意点と評価

　ここでは，まず，生徒が正しく進行形を使っているかどうかが評価の基準となる。特に，「状態動詞」であるにもかかわらず無理に進行形を使おうとはしていないか，をよくチェックしたい。

　次に，短冊の右半分を書く際には，左半分に書かれている英文を見ることはできないわけであるので，当然とんちんかんな英文が全体として出来上がるわけである。それをどのようにつじつまを合わせてそれなりに理屈の通った英文として解釈するか，というところに生徒の想像力がかなりの部分で問われることになる。その意味で，せっかく英語そのものを書く力はあっても想像力が不足しているがゆえに，バリエーション活動での文章が書けないといった事態も考えられる。そのことを評価する側の教師はよく含んだ上で，生徒の個々の作品を見なくてはならない。もっとも，そのようなことがなるべく起こらないようにするために，短冊が何枚か手元にあってそこからひとつ書きやすいものを選ぶような形をとっているわけである。

　逆に言えば，多少英語を書く力は劣っていても書きたい内容を思い付いた生徒は何とかそれを英語で伝えようと努力するはずであり，その意味で，この活動は生徒の「書く意欲」を刺激し育むものであると言える。したがって，そのような生徒が書いた文章

には文法的な誤りや単語の綴りの間違い等がたくさんあるかもしれないが，まず，彼らの「書く意欲」をそぐことのないように，評価もそのつもりで慎重に行わなければならないであろう。

3 過去時制と現在完了形

1 文法エッセンス No. 6

過去時制と現在完了形の使い分けは，文法学習の大きな山場。次の2点がポイントである。
① 「～した」という表面的な日本語の言い回しに引きずられることなく，常に「言いたい中身・内容」に注意して考えること。
② つまるところ，現在完了形とは「（だから）今はどうなのか」という，過去の経緯を踏まえた上での現在の状態について言及する表現である。その意味で，過去時制とは全く異なる。

解説

Sail on, silver girl,

Sail on by.

Your time has come to shine.

All your dreams are on their way.

See how they shine.

—Paul Simon, *Bridge Over Troubled Water* (1969)—

ご存じ『明日に架ける橋』からの一節。小生は今でも3年生の最後の授業で歌ったりしています。さて，もちろんここで問題にしたいのは，3行目の "Your time has come to shine." の文。

ここはやはりどうしても現在完了形を使わなくてはならない。というのは，過去時制では「(今はともかく) 昔は君に光輝くときが来た」という過去の事実を述べているに過ぎず，文脈上そぐわない。かと言って現在時制では，「確定的な予定や約束」を表し「君の光輝くときは必ずやって来るであろう」というような意味に解釈されてしまう可能性がある。Paul Simon が実際ここで言いたいのはそんなことではなく，「これまでの淋しいとき，苦しいときを乗り越えて，今やっと君の光輝くときがやって来た」ということなのである。そして，そのことはその後の2行 ("All your dreams are on their way./ See how they shine.") を読めばさらに明らかになる。

このように，現在完了形というのは，これまでの経緯を踏まえつつ，「今は」どうなのかということを述べるために用いる表現形式なのである。一般の文法参考書等には，「完了・結果」，「継続」，「経験」とその用法が分割されて解説されているが，これはあくまでも便宜的な手段に過ぎない。「完了・結果」についてはたった今説明した通りであるし，「継続」用法についても，例えば He has been sick since last week. という文は，「先週もそうだったけれども，今もまだ彼は病気だ」とやはり過去を踏まえつつ「今」という現在に焦点が当てられている。同様に「経験」用法についても，例えば I have eaten sheep's brains before. という文は，「羊の脳みそを食べた」という過去の事実が「今」でも生きている，つまり，その事実・出来事が今でも経験として心の中に残っている（とてもおいしかった，あるいは，気味悪かったなどという思い出を伴いながら）という意味であり，ここでも過去を踏まえつつ「今」という現在に焦点が当てられていることがわかる。

さて，生徒は，

a. *I have been to Nagano last year.

b. *When has he begun to learn English?

といった誤文をよく言ったり書いたりする。しかし，それらはなぜ誤文なのか。それは，last year は明らかに過去のある特定的な時を意味する副詞句であり，また，when は過去のある特定的な時について言及することを意図して用いられているわけなので，それらは「今」現在に焦点を当てて述べる現在完了形とは全く相容れないからである。したがって，上記の英文は，それぞれlast yearやwhenを生かすとしたら，正しくは次の通りとなる。

c. I went to Nagano last year.

d. When did he begin to learn English?

特に，c.の文においては，我々は普段日本語で「長野は昨年行ったことがあるよ」などとよく言うため，生徒はこの「行ったことがある」という日本語表現に引きずられて，思わず "have/has been to ～" の形を用いてしまいがちである。要注意といったところであろう。

同様に，日本語と英語との関わりといった問題では，上記「文法エッセンス No.6」の①で指摘した点も重要である。これについては，「～した」という日本語の例として「春が来た」という文をあげ，それは内容に応じて次のように2通りに英訳できることをまず指摘したい。

e. Spring has come.（春が来た。(＝春が来て，今もまだ春だ，ということ)）

f. Spring came.（春が来た。(＝確かにしばらく前に春がやって来たが，もうその春は過ぎてしまって，今はすでに夏だ，ということ)）

そして，あの「♪春が来た。春が来た。どこに来た。...」という唱歌では，e.とf.のどちらの英訳が適切か。もちろん，正解

はe．の現在完了形を用いた方である，ということを確認することで，生徒はたとえ「～した」という形で日本語が終わっていても，それは必ずしも「過去」ではないのだということに気づくことになる。

2 Communication Practice

A．指導のねらい

1. 過去時制と現在完了形を正しく使い分ける。
2. 生徒同士でインタビューをし，その結果を英語でまとめる。

B．指導の流れ

① 次のようなカードを生徒に配る。

---
1. I have been to _____ before.
2. I have seen _____ before.
3. I have read _____ before.
4. I have heard/ listened to _____ before.
---

1. には──「今までに行ったことがあるところで最も印象に残っている場所」
2. には──「今までに見たことのあるものの中で最も印象に残っているもの（例：映画やテレビなど）」
3. には──「今までに読んだことのある本やその他のものの中で最も印象に残っているもの」
4. には──「今までに聞いたことのあるものの中で最も印象に残っているもの（例：ニュースや音楽など）」

を，その該当箇所の下線部にそれぞれ英語で記入させる。
(例)

---
1. I have been to _____Hokkaido_____ before.
---

2. I have seen	a shooting star	before.
3. I have read	*Hino-tori* by Osamu Tezuka	before.
4. I have heard	about my parents' marriage	before.

② 全員のカードを集め，よく混ぜ合わせてから，再びカードを配付する（自分の書いたカードが手元にこないようにさせる）。

③ 全員起立させ，教室内を動きながら，自分の手元に来たカードを書いた人物を探し出すように指示する。なお，その際，下の例のように，"Have you ...?"を用いて 1.～ 4.の各項目について質問し，すべてについて "Yes, I have." の答えを得て初めて，そのカードを書いた本人が特定できたこととする。

（例） **A**：Have you been to Hokkaido before?

　　　B：Yes, I have.

　　　A：Have you seen a shooting star before?

　　　B：Yes, I have.

　　　　.....

④ 上の手順でカードの持ち主を特定した後，下の例のように，相手に英語でインタビューをする。つまり，1.～ 4.の各項目について必ず "When did you ...? " の質問はすることとし，それ以外にも，"How did you ...?"，"Why did you ...?" の質問をするなどして，なるべく多くの情報を各項目について相手から聞き出し，それらをメモするように指示する。

（例） **A**：When did you go to Hokkaido?

　　　B：I went there three years ago.

　　　A：How did you go there?

　　　B：By airplane.

　　　A：What is your best memory of Hokkaido?

　　　B：Well, I happened to see a fox with its cub running in

　　　　the field. I will never forget this.
　　　.....
⑤　時間を見計らって，インタビューを終了し，上の④でとったメモを参考に，インタビューの結果を英語でレポート用紙にまとめさせる。

(例)　　I had an interview with Keiko. She has been to Hokkaido. She went there three years ago by airplane. Her best memory of Hokkaido is that she saw a fox and its cub. They were running in the field.

　　　She has seen a shooting star as well. She saw it when she was traveling around Hokkaido. It must have been very beautiful. I want to go to Hokkaido in the future, too!
　　　.....
⑥　上でまとめたものを，数人の生徒を指名して，口頭で発表させる。できれば，個々の発表の後，内容に関して質疑応答をしたり，他の生徒とのコミュニケーションも交えながら，さらに内容をふくらませたりすることができればより良いであろう。
⑦　全員のレポートを回収し，授業後点検した後，次時に返却する。その際，全体的なコメント等あれば行う。

| バリエーション活動（基本） |

次のプリント（WORKSHEET）を生徒に配付し，各自で取り組ませる。

WORKSHEET

Class (　　), No.(　　), Name: ＿＿＿＿＿＿＿＿＿＿＿

　例にならって，下線部に誤りがあれば，それを正しく直し

なさい。

(例)

・Have you heard?　Mr. Sato has gotten married!

(Right　　　)

・World War II has ended in 1945.

(Wrong-ended　)

1. Who has written the play "Romeo and Juliet"?

ア．(　　　　　)

2. Churchill has been the Prime Minister in Britain.

イ．(　　　　　)

3. **A**：Ow! I've cut my finger.　It's bleeding.

ウ．(　　　　　)

　B：How have you done that?

エ．(　　　　　)

　A：I did it while chopping up meat into small pieces.

オ．(　　　　　)

4. **A**：Look!　Somebody smoked here in the kitchen.
　　I can see the white smoke still in the air.

カ．(　　　　　)

　B：Well, it wasn't me.　I didn't do it.

キ．(　　　)　(　　　)

　A：I wonder who it has been then.

ク．(　　　　　)

しばらく生徒同士で答えを話し合わせた後，全体で正解をチェックしていく。その際，必要ならば解説を加える。

◆ (解答)

ア．Wrong-wrote,　イ．Wrong-was,　ウ．Right,

エ．Wrong-did you do,　オ．Right,

カ．Wrong-has smoked,　キ．Right,　Right,

ク．Wrong-was

C．指導上の留意点と評価

①で生徒がみな下線部を埋めることができるかどうかが，まず最初のハードルである。筆者も実際に授業で行ってみたが，最初のクラスでは何人かの生徒が妙に考え込んでしまった。聞いてみると，「そんなに印象に残っているものなどない」と言う。一抹の「寂しさ」のようなものを感じたが，そのような生徒には，「それではとりあえず昨日見たり，読んだり，聞いたりしたなかで記憶に残っているものでよいから書きなさい。1.の欄については，一番最近旅行した先を書きなさい。」ということで指示を出し，生徒も「それなら」ということで何とか全員が下線部を埋めることができた次第である。

③では，相手が，"No, I haven't."という返事をしたときに，尋ねた生徒はどのような対応をするかをしばらく見てみるとよい。何も言わずにすぐに別の生徒のところに行って，尋ねようとする者がたくさんいることに気づくであろう。また，相手の言ったことが聞きとれず，もう一度言ってもらいたいとき，何と言ったらよいのかを知らない生徒も多い。そのような時には，一旦活動を中止し，"Thank you.", "I beg your pardon?"等の基本的なマナーに関わる表現を教えてやらなくてはならないだろう。

④では，生徒同士がいかに積極的・自発的にコミュニケーションを図っているか，あるいは，図る努力をしているかを評価したい。教師は，教壇の上に立ったままで傍観しているのではなく，教室内を動き回りながら生徒同士の会話に耳を傾け，行き詰まっているようであれば必要な手助けを行わなければならない。

⑤では，特に無理をして現在完了形の文を含めて書かせる必要もないであろう。むしろ大切なのは，文章としての「自然さ」であろうし，また，伝えたい内容がそれなりに伝わってくる書き方をしているかどうかであろう。したがって，⑦では，現在完了形や過去形が正しく使われているかどうかについてチェックする必要は確かにあろうが，その文章が"comfortably intelligible"であるかどうかということもまたとても重要であるということを心に留めておきたい。

4 完了形と完了進行形

1 文法エッセンス No.7

「完了進行形」も「進行形」の一種。進行形をとらない動詞は，完了進行形には使えない。
(例) I *know* my girlfriend very well.
 (*I am knowing my girlfriend very well.)
 My girlfriend and I *have known* each other for many years.
 (*My girlfriend and I have been knowing each other for many years.)

解説

「完了進行形」が授業で導入されると生徒の頭はパニックになる。ちょっと彼らの頭の中をのぞいてみると…

「ええっと，例えば現在完了進行形というのは，過去から現在までの動作の継続を表すんだな。例文は，They *have been walking* for three hours.（彼らは3時間ずっと歩き続けている）か。

第2章 時制 45

なるほど，3時間前から今までずっと継続して歩いているということだよな。ワカル，ワカル。…でもちょっと待てよ。前に現在完了形にも継続を表す用法があると教わったぞ。例文は，My girlfriend and I *have known* each other for many years.（ボクとガールフレンドは幼なじみです）だった。確かにこれも長年ずっと継続してお互いを知っているということで，過去から現在までの継続を表しているぞ。アレアレ，困ったな。このふたつの使い分けはどうするんだろう？」

そこで，教師は次のように指摘することで生徒を納得させようとする。

「いいかい，あのね，完了進行形というのは『動作』の継続を表すんだよ。いい？　で，一方，完了形における継続というのは『状態』の継続に限るんだ。したがって，完了形によって継続を表すのは，以下に示すような『状態を表す動詞（状態動詞）』が用いられる場合に限られるし，それ以外の動詞，すなわち『動作を表す動詞（動作動詞）』を用いて継続を表すには，完了進行形が用いられることになるのさ。どう？わかった？」

● 「状態を表す動詞（状態動詞）」
know（知っている），want（欲している），have（持っている），live（住んでいる），be（〜である），like（好きである）など，ある物事や心の状態を表す動詞である。

● 「動作を表す動詞（動作動詞）」
teach, drink, read, sing, walk, swim など，一時的な動作を表す動詞である。

しかし，実際には生徒はそう簡単には納得しない。つまり，どうしてそもそもこのような使い分けをしなくてはいけないのか，*My girlfriend and I have been knowing each other for many years. と言ったっていいじゃないか，と思うのである。素朴だ

が重要な疑問である。お答えしましょう。これは,「進行形」というものの持つ性質が深く関わっているのである。つまり,**「進行形」というのは,次の例で見るように,ある動作に「継続性」を持たせる働きがあるのである。**

(例)　Jane *is playing* the guitar.
　　　　(ジェーンはギターを弾いている。)
　　※「ギターを弾く」という動作が現在継続中であることを示す。

　　　Jack *was washing* his car when I called on him.
　　　　(私がジャックを訪れたとき,彼は車を洗っていた。)
　　※「車を洗う」という動作が,「私が訪れた」ときに継続中であったことを示す。

　ところが,「状態動詞」はそもそもそれ自体にすでに「継続」のニュアンスが含まれている,と見なすことができる。例えば,We know each other. と言う場合,それはお互いに「知っている」という状態が「継続中」なのである。また,I live in Tokyo. と言う場合,それは今自分が東京に「住んでいる」という状態が「継続中」ということである。

　したがって,「状態動詞」を使って「継続」の意味を表す場合,完了進行形を使ったのでは「継続」の意味がだぶってしまうことになるので,それは避けられるのであろう。他方,「動作動詞」を使って「継続」の意味を表す場合,「動作動詞」自体には「継続」の含意はないので,「継続」の意味をかもし出す進行形の助けを借りた完了進行形を用いることになると思われる。

　そして,このことは,結局つき詰めれば,**進行形をとらない動詞が継続用法の完了形で用いられ,その他の進行形をとる動詞は「継続」の意味を出したければ完了進行形の中で用いられる**,ということに集約される。ちなみに,具体的にどのような動詞が進

第2章　時制　　47

行形をとらない動詞なのかについては，この章の第2節でまとめた通りである。

　実際に英語を使うとき，完了形を用いるべきか完了進行形を用いるべきかはよく迷うところである。自分が使おうとしている動詞が進行形をとることができるのかどうか，それを瞬時に判断しなければならないわけであるが，生徒への初期の指導としては，迷ったら先ず辞書や参考書を使って調べることを奨めたい。そして，実際になるべく多くの実例に触れることである。そんなねらいから，次で紹介する活動が生まれた。

2　Communication Practice

A．指導のねらい

1. 現在完了形のいわゆる「継続」用法と，現在完了進行形を使って「継続」の意味を表す場合との区別を認識し，その使い方に慣れる。
2. 「人物当てゲーム」を通して，英語でのコミュニケーションを楽しむ。

B．指導の流れ

① 短い英語の文が書けるくらいの紙片を全員の生徒に配る。
② その紙片に，各自，下の例にならって，現在完了形もしくは現在完了進行形を用い，現在まで何か続いてきたこと（例えば，趣味やスポーツ等）について英文をひとつ書くように指示する。なお，その際，なるべく for や since を用いて，どれくらいの期間続いているのかを示すようにさせる。また，現在完了形を使うか，あるいは現在完了進行形を使うかで迷ったときには，辞書や参考書等にあたらせたり，教師や周りの生徒と相談させたりして，進行形にならない動詞を現在完了進行形に用

いることのないように注意させたい。

(例)　・I have had a dog as a pet since I was five years old.
　　　・I have been collecting stamps for ten years.
　　　・I have been doing *kendo* for four years.

③　その紙片に記名はさせないようにして，一旦全員のものを回収し，それらをよく混ぜ合わせた後，自分の書いた紙片が渡らないようにしながら再びその紙片を生徒に配付する。

④　生徒は自分のところに来た紙片に書いてある英文を見て，その英文は誰が書いたものなのかを想像する。そして，ひとりひとり順に起立して，次の例のように，その英文を書いたと思われる相手に向かって質問をする。

(例)　**Hiroshi:** Masao, have you been collecting stamps for ten years?

　　　Masao: Yes, I have. / No, I haven't.

なお，もし最初の質問がはずれた場合（つまり，最初の相手が"No, I haven't."と答えた場合）には，もう一度だけ違う相手に質問できることとし，それでもはずれた場合には，その生徒は着席し，次の生徒の順番となることとする。

⑤　一回目の自分の順番で英文を書いた相手を当てられなかった生徒について，もう一度チャンスを与えて，再度質問をさせる。

⑥　最後まで誰の書いた英文かが特定できなかったものについては，その英文を書いた生徒を挙手等により確認する。

バリエーション活動(1)

(1)　白紙の紙片を全員に配付する。

(2)　下の罫で囲んだ動詞を黒板に板書する。そして，その動詞のうちのひとつを使い，現在完了形もしくは現在完了進行形を用

いて，自分のことについて述べる英文を紙片に書くように指示する。その際，進行形をとる動詞ととらない動詞とを先ず生徒に区別させ，指名等によってそれらを確認した後，英文を紙片に書くように指示してもよいだろう。

板書			
be動詞	like	study	do
know	think	play	practice
understand	belong (to)	read	listen
have	believe	sing	watch

(例) ・I have belonged to the town chorus since I was a junior high school student.

(3) 上記の③～⑥と同様の手順で行う。

バリエーション活動(2)（発展）

上記⑥の活動後，宿題として，各生徒に，紙片に書いた自分の英文を使ってさらに話をふくらませた作文をレポート用紙等に書いてくるように指示する。

(例) I like collecting stamps. I have been collecting stamps for ten years. My father gave me his collection ten years ago. I liked them very much because they were so beautiful. Since then I have been collecting stamps. Now I have about 1,000 stamps.

次時に，何人かの生徒に自分が書いてきた作文を発表させ，教師がコメントを加えた後，全員のレポート用紙を回収する。授業後点検し，ファイルして綴じ込み，さらに教室内に置いて閲覧可能とすることもできる。

C．指導上の留意点と評価

　この活動では，紙片に生徒が英文を書くことになるが，この時，生徒がみな文法的に正しい文を書いているかどうかが気になるところであろう。机間巡視を行いながらこまめにチェックすることもできようが，時間も限られており，十分に点検することができるとは限らない。しかし，上記④の段階で，生徒が各自英文を疑問文に変換して読み上げるわけであり，その際に文法的に誤っていたり，意味的に通じないものについては指摘し，訂正することができる。その意味で，④の段階は，現在完了形あるいは現在完了進行形について，生徒の理解がどれくらい定着しているかを評価するよい場面である。

　一般に，1クラスには40人前後の生徒がいるわけであり，なかなか自分の順番が回ってこないということで退屈する生徒が出るかも知れない。人の発表に耳を傾けているかどうかということはひとつの大切な評価となると同時に，指導としても，例えば，発表を聞きながらおもしろいと思ったところについては各自でメモをとるように指示し，活動終了後，簡単に感想を英文でまとめたものを提出させるようにすると，生徒の聞く態度もグンと真剣味を帯びてくるであろう。

　また，この活動は，時間さえ許せば同じ事を何回か繰り返し，1回目でピタリと相手を言い当てられた生徒については10点，2回目で当てられた場合には5点というふうに得点を与えながらお互いに競争させ，ゲーム性を高める工夫を盛り込むこともできよう。

5 時制の一致

1 文法エッセンス № 8

「今も変わらぬ事実」を従属節で述べていると判断できる場合には，時制の一致のルールは適用されなくてもよい。ただし，言われたことと実際の真実や事実との間に何らかの相違があるような場合は，必ず時制の一致が適用される。

解説

I said I love you, that's forever;
This I promise from the heart.
I couldn't love you any better.
I love you just the way you are.
— Billy Joel, *Just the Way You Are* (1977) —

平凡な日常生活における夫婦間の愛を，飾りっ気なく正直に歌った名曲。お好きな読者もきっと多いはず（私ももちろんそのひとり）。ところで，1行目の"I said I love you."の文にはなぜ「時制の一致」のルールは適用されていないのだろうか。結論から先に言うと，これは**従属節の内容**（この場合，(that) I love you.ということ）**が今も変わらない事実を表しているから**である。何だ当たり前じゃないかと思われるかもしれないが，それでは次の英文を見てもらいたい。ぱっと見て思わず時制の一致のルールを適用させて wants → wanted と添削したくなる御仁も多いのではないだろうか。

 a. Junko said that she *wants* to go to London again.

もちろん，wants を wanted としても誤りではない。しかし，もし従属節の内容，すなわち，「純子がまたロンドンに行きたが

っている」というのが今も変わらぬ事実だとしたら，ここでは時制の一致は行われず，wants のままでもよいのである。

　実際，一般の文法参考書でこのような点をていねいに解説したものはほとんどなく，せいぜいで

　　b. She said that she *goes* to bed at ten every night.

のような例文を示し，「従属節が今も行われている習慣を述べている場合は時制の一致の法則を適用しなくてもよい」と記されているだけである。ところが，上記 a. の例文は「習慣」を表している文ではない。即刻「習慣」などという言葉を使うのはやめ，「今も変わらぬ事実を表す場合」と訂正するべきであろう。そうすれば，この b. の例文もそれに当てはまることになり，さらに言えば，その他の時制の一致の例外，すなわち，従属節が「真理・格言」，「生物などの習性」，「歴史上の事実」等を述べる場合もまた，要するに「今も変わらぬ事実」を述べているわけであり，これらもすべて同様に説明されることになる。

　さて，話としてはいきなりルールの例外から入ってしまった。確かにルールというものには例外がつきもの，しかし，やはり確固とした「きまり」はある。次の例を見ていただきたい。

You met Sonia a few days ago.
She said: **'Jim is ill.'** (*direct speech*)

Later that day you see Jim. He is looking well and carrying a tennis racket.
You say:
'I didn't expect to see you, Jim.　Sonia said you **were** ill.'
(*not* 'Sonia said you are ill,' because clearly he is not ill.)
　　　　　　　　Raymond Murphy, 1994, *English Grammar*

in Use (*Second Edition*), CUP., p.96より抜粋

このように，言われたこと（あるいは，自分が思っていたこと）と実際の真実や事実との間に何らかの相違があるような場合は，必ず時制の一致が適用されなければならない。以下はこの大原則をしっかりと身に付けさせるための練習である。

2 Communication Practice

A．指導のねらい

1. どのような場合に時制の一致のルールを適用しなければならないのか，あるいは適用しなくてもよいのかについて習熟する。
2. インタビュー活動を行い，相手から得た情報を文章にまとめる練習をする。
3. インタビュー活動を行いながら，「人物探しゲーム」を楽しむ（バリエーション活動）。

B．指導の流れ

① 次のワークシートを生徒一人ひとりに配付し，1.～5.のそれぞれa.の文の下線部を，［　　　］内からひとつ選んで埋めるように指示する（5.については，例を参考に各自で自由に答えることとする）。

WORKSHEET

1. a. I want to visit _____ in the future.
   [Hokkaido, Okinawa, the U.S., Australia]
   b. (_____ (your partner's name)) wants to visit _____ in the future.
2. a. I want to visit there _____.

[in spring, in summer, in autumn, in winter]
　b. (　　　　) wants to visit there ＿＿＿＿＿.
3. a. I want to go there by ＿＿＿＿＿＿＿＿＿＿＿＿.
　　　[train, car, ship, plane]
　b. (　　　　) wants to go there by ＿＿＿＿.
4. a. I want to visit there ＿＿＿＿＿＿＿＿＿＿＿＿.
　　　[alone, with my family, with my friends,
　　　 with my girlfriend/boyfriend]
　b. (　　　　) wants to visit there ＿＿＿＿.
5. a. I want to ＿＿＿＿＿＿＿＿＿＿＿＿＿＿＿＿.
　　　[例： dive into the beautiful sea around the island of Okinawa]
　b. (　　　　) wants to ＿＿＿＿＿＿＿＿.

② ペアを組み，まず 1. について相手の答えを想像してb.の下線部を埋める。用意ができたら，ペアで次の例にならって会話し，相手の答えた正解を赤ペン等で同じ下線部に記入する。

(会話例1)

　A：Where do you want to visit in the future?

　B：I want to visit Okinawa.

　A：Yes. My guess was right. I *thought* you *want* to visit Okinawa.

(会話例2)

　A：Where do you want to visit in the future?

　B：I want to visit Australia.

　A：Really? Oh, my guess was wrong. I *thought* you *wanted* to visit Okinawa.

　2. 以降についても同様に行うが，必ずひとつずつ行い，相

手からの正解を確認した上で次の項目についての想像(guessing)を行うこととする。なお，それぞれの会話の最初の聞き出しの質問文は次のようになる。

2. When do you want to visit there?
3. How do you want to go there?
4. Who do you want to visit there with?
5. What do you want to do there?

③ インタビューの結果を次のように簡単にまとめ，提出させる。

　My partner, Takeshi, wants to visit Okinawa. He wants to go there by plane with his friends in summer. He wants to dive into the beautiful sea around the island of Okinawa.

④ 何人かを指名して，③で作った文章を口頭で発表させる。その際，必要なコメントを加えたり，他の生徒からの意見も引き出したりしながら，発表の内容を深めていきたい。

⑤ 全員のノートを回収し，授業後点検した後，これはと思うものについては印刷し，次時に配付，解説する。

|バリエーション活動|

(1) 次のようなカードを用意して配付し，各自ですべての下線部を自由に考えて埋めるように指示する。

---

1. I want to visit ＿＿＿＿＿＿＿＿＿＿ in the future.
（どこへ行きたいか）
2. I want to visit there ＿＿＿＿＿＿＿＿＿＿＿.
（いつ行きたいか）
3. I want to go there ＿＿＿＿＿＿＿＿＿＿＿.

(どのような交通手段で行きたいか)
  4．I want to visit there _____.
   (誰といっしょに行きたいか)
  5．I want to _____.
   (そこで何をしたいか)

(2) カードを回収し，トランプのようによく切って再び生徒へ配付する（本人が書いたカードが配付されることのないように）。
(3) 教師の合図で生徒は教室内を自由に歩き回り，次のような会話（インタビュー）を行いながら，自分の手元に配付されたカードの持ち主を探す「人物探しゲーム」を行う。

(会話例)

  A：Excuse me, where do you want to visit in the future?
  B：I want to visit Okinawa.
  A：Yes. My guess was right. I *thought* you *want* to visit Okinawa. O.K., when do you want to visit there?
  B：I want to visit there in winter.
  A：Really? Oh, my guess was wrong. I *thought* you *wanted* to visit there in summer. O.K. I'll ask another person. Thank you very much.（と言って，別の生徒のところに行ってインタビューを行う）

(4) カードの持ち主を探し出した生徒は自分の席にもどり，求めに応じて相手のインタビューに答えながら，上記の活動の③で示したようなまとめの文章を英語でノートに書く。
(5) 全員のノートを回収し，授業後点検した後，これはと思うものについては印刷し，次時に配付，解説する。

C．指導上の留意点と評価

　2つの活動とも，相手の返答が自分の予期していたことと同じとき（"My guess was right."と言うとき）というのは，すなわち，従属節（この場合，I thought that ...のthat以下の名詞節）の内容が「今も変わらぬ事実・真実」であるということである。したがって，その場合は時制の一致のルールを適用しなくてもよい。一方，相手の返答が自分の予期していたこととは異なるとき（"My guess was wrong."と言うとき）というのは，すなわち，自分が思っていたことと実際の事実との間に相違があるわけであるから，この場合は時制の一致のルールを必ず適用しなければならない。

　インタビューの結果を文章化してノートにまとめるのは，個人やペアによってインタビューそのものが終了する時間にかなりばらつきが生じるので，早めに終わった生徒が何もすることがなく退屈しているということが起きないようにするための工夫でもある。したがって，まとめる文章の内容も時間的に余裕があれば，様々な情報を付け加えながらふくらませて書くことができるし，また，そうするように生徒を励ますとよいだろう。

　上記の活動は両方とも，ある意味では生徒の「夢」を語らせ，書かせる活動である。かと言ってあまりかしこまらず，気楽に，かつ，率直にクラス全体で楽しく話し合える雰囲気作りが重要である。

3 助動詞と助動詞の代わりをする動詞句

1 文法エッセンス №.9

> 助動詞や助動詞のかわりをする動詞句は，話し手や書き手の態度や気持ちを生き生きと，あるいは微妙に伝えてくれるいわば「調味料（スパイス）」のようなもの。その使い方を正しくマスターすれば，より多彩で表情豊かな英語表現が可能となる。

解説

例えば，I *must* go now. と言うのと，I *have* (*got*) *to* go now. と言うのとでは，どのように意味が違うのか。両方とも「もう行かなければ」という「必要性（necessity）」や「義務（obligation）」を表していることには変わりない。しかし，特にイギリス英語においては，話し手の態度や気持ちという点で両者は微妙に異なるのである。では，どのように異なるのか。実は，mustは話し手の「**主観的**」な判断，あるいは，主語に据えられる人物の内発的な動機によって「〜しなければならない」と感じるときに用いる。一方，have/has (got) to は，外的な要因によって生ずる「**客観的**」な必要性を述べるときに用いる。つまり，前者の I must go now. であれば，これは話し手自身の都合で「もう行かなければ」と言っているわけであり，仮に「なぜ行かなければならないのか」と尋ねられても，客観的な理由を示して

答えられなくてもいいのである。ところが，後者のI have (got) to go now. と言うのであれば，それは例えば「電車に間に合わなくなるから」とか「これから（別の）約束があるから」といった，それなりに説明できる客観的な理由がなければならないのである。

そのような観点で，次のことばを見ると，なぜそうしなければならないのかという理由や理屈などはともかく，人間というものはとにかく耐えなければならないのだ，という「悟り」にも似た心境が読み取れるのである。

　　Men must endure
　　Their going hence, even as their coming hither;
　　Ripeness is all.
―William Shakespeare (1564‐1616), *King Lear* v. 2―
　（人間，万事，辛抱がかんじん。
　　世を去るも，世に出るも同じこと，
　　すべてに熟しの頃合いあり。（別宮貞徳訳））
――ウィリアム・シェイクスピア『リヤ王』5幕2場――

さて，ある表現をその正しい意味や用法を知らずに使った結果，話し手の態度や気持ちが誤解されて伝わってしまうという例はたくさんあるが，助動詞の分野で言うと，その代表選手は"had better"であろう（had better は助動詞の「慣用表現」のひとつと見なされる）。この表現は，「～した方がよい」というかなり柔らかくやさしい調子の「助言」の意味であると思っている生徒が多い。しかし，実際には，shouldやought to などよりもずっと強い響きを持った助言であり，むしろ「**命令**」に近い。日本に来たばかりのＡＬＴ（＝Assistant Language Teacher）たちは，日本人は教師も生徒も had betterばかりを使って自分に話しかけるので辟易するという話をよく耳にするが，

これもその had better の持つ「命令」的な意味合いを話し手である日本人の教師や生徒が知らずに使った結果，彼らの態度や気持ちが誤解されて伝わってしまう例である。

もうひとつ，次の例を見ていただきたい。

Southern man, better keep your head.
Don't forget what your Good Book said.
Southern change gonna come at last!
Now your crosses are burning fast.
(注：better (l. 1) = you had better)
—Neil Young, *Southern Man* (1970)—

これは，アメリカ南部における人種差別への激しい怒りを訴える歌である。彼，ニール・ヤングは「南部の白人たちよ，せいぜい気をつけるんだな。今，おまえたちの下で苦しむ黒人たちにもついに変化が訪れるのだ！」と歌う。彼の熱い怒りを込めた，短く叩きつけるようなギターのビートを伴って，断固として強い響きを持つ had better が，ドスを効かせた「威嚇」のような凄みを持って聞く者の胸に突きささるのである。

最後に，生徒が意外に知らないこととして，"was/were going to do" の用法がある。これは，「〜するつもりであったが，実際は〜しなかった」という，**現実には実現しなかった行為や状態について言及する**ときの表現である。具体的には，例えば，

I *was going to* buy the jacket I saw in the shop window, but
I changed my mind. I found out it was too expensive for me.

というふうに用いる。ところが，大方の生徒は，was/were going to do＝「（実際の結果はどうあれ）〜するつもりだった」とだけしか理解していないため，次のような誤文をよく言ったり書いたりする。

*I was going to buy a snow board, and I bought it yesterday at last.

これは明らかに，本来 was/were going to do が含意することとは矛盾する内容を述べているわけであり，was going to do の形を生かしてこの文の後半を書き換えるとしたら，例えば，

I was going to buy a snow board, but a friend of mine gave me his used snow board yesterday. So I don't have to buy a snow board any more.

のようになる。

上述の生徒が誤解して覚えている「(実際の結果はどうあれ)〜するつもりだった」というのはむしろ "intended to do" の表現に近いものである。その意味で，次のような例文を対比して示すことで，was/were going to do の正しい使い方を生徒に認識させることができる。

I was going to be a doctor. (私は医者になるつもりだった[が，実際にはなれなかった])

I intended to be a doctor. (私は医者になるつもりだった[実際になれたかどうかは不明])

2 Communication Practice

A. 指導のねらい

1. 次の3つのポイントについて習熟する。
   ① must と have/has (got) to との使い分け
   ② had better の伝える「真意」(=柔らかな「助言」などではなく，「命令」に近いのだ，ということ)
   ③ was/were going to do の正しい使い方
2. 与えられた会話文を読んで，その流れを踏まえた上で，ペアで自由にその会話の続きを想像して書き，発表する。
3. ロールプレイ活動を楽しむ（バリエーション活動(2)）。

B．指導の流れ

① 次のプリント（WORKSHEET A）を全員に配付し，各自で取り組ませる。

WORKSHEET A

Class (　　　), No. (　　　), Name:＿＿＿＿＿＿＿

それぞれの会話文を読んで，(　　　) 内の正しいものを選び○で囲みなさい。

Conversation 1：

Son : I've heard you're going to Japan, Dad. Is that right?

Father : Yes.

Son : So, may I go with you?

Father : No, you (**must, have (got) to**) stay here.

Son : Why?

Father : Because I'm going to Japan on business. Besides, you have a lot of homework, don't you, Son?

Conversation 2：

(Ms. Brown: a teacher,　Keiko: a student)

Keiko : Do you speak Japanese, Ms. Brown?

Ms. Brown : No, I don't.

Keiko : Would you like to learn it?

Ms. Brown : Well, actually, I thought I had to learn Japanese when I came to Japan. But now, after staying here in Japan for more

	than six months, I don't think it necessary to learn it.
Keiko	: I think (**you had better, it would be better to**) learn Japanese, Ms. Brown.
Ms. Brown	: Oh, why?

Conversation 3:

(Ms. Brown: a teacher, Kenji: a student)

Kenji	: May I ask you a question, Ms. Brown?
Ms. Brown	: Sure. Go ahead.
Kenji	: Did you want to be a teacher when you were a high school student?
Ms. Brown	: Yes, I did. I (**was going to, intended to**) be an English teacher at that time.
Kenji	: Now you ARE an English teacher. Are you enjoying teaching English here in Japan?

② ほぼ全員が自分なりの答えを選び終わった頃を見計らって，今度は周りの仲間と自分の答えを見比べさせ，話し合わせる。

③ 全体で正解をチェックし，必要ならば，解説を加える。

解答と解説

Conversation 1: *Ans. have (got) to*

（はっきりとした客観的な理由のある「必要性・義務」を表しているから）

Conversation 2: *Ans. would be better to*

（Keiko にとって Ms. Brown は年上であり自分の先生でもあるわけで，そのような人物に向かって had better を使うの

は，とても失礼にあたる)

Conversation 3: *Ans. intended to*

　　(Ms. Brown は高校生のとき将来英語教師になるつもりであった。そして，実際に現実としても英語教師になったのであるから，was going to は使えない)

④　次に，生徒にペアを組ませて，上記の Conversation 1 〜 Conversation 3 の中からひとつ選び，その会話の続きをペアで自由に想像して書くように指示する（レポート用紙を使用させること）。

⑤　出来上がったペアから，自分たちの会話文をペアで読み合い，音読練習をするように指示する。

⑥　いくつかのペアを指名し，全体の前で発表させる。

⑦　各ペアには授業後，自分たちの会話文を書いたレポート用紙を教室の壁に掲示するように指示する。その際，レポート用紙には名前を書くが，それは折って隠し，全体の通し番号のみを記入させることとする。

⑧　各自投票用紙を一票持ち，自分の一番気に入った作品の番号を票に記入して投票させる。投票が終わったら集計し，結果を発表する。そして，一番人気のあった会話文については，それを作ったペアから全体の前で発表してもらう。

バリエーション活動(1)

(1)　生徒にペアを組ませ，それぞれのペアに次のプリント（WORKSHEET B）を配付し，指示にしたがって取り組ませる。

> **WORKSHEET B**
>
> Names : _____, _____
>
> 　例にならい，ペアで話し合って下線部を自由に埋め，その後，会話練習をしなさい。
>
> (例)　**A** : Did you travel by car?
>
> 　　　**B** : No, we were going to travel by car, but <u>we went by train because the car broke</u>.
>
> 1．**A** : Did you play tennis yesterday?
>
> 　　**B** : No, I was going to play tennis,
>
> 　　　　but _____.
>
> 2．**A** : Did you invite David to the party?
>
> 　　**B** : No, I was going to invite him,
>
> 　　　　but _____.
>
> 3．**A** : Did Jane get married?
>
> 　　**B** : No, she was going to get married,
>
> 　　　　but _____.

(2)　各ペアで会話の音読練習をさせた後，いくつかのペアを指名して全体の前で発表させる。

(3)　前述の活動の⑦，⑧と同様に行う（ただし，この場合はレポート用紙ではなく，上記の WORKSHEET Bをそのままクラス掲示することになる）。

　バリエーション活動(2)

(1)　次のプリント（WORKSHEET C）を全員に配付し，各自で取り組ませる。

WORKSHEET C

Class (　　), No. (　　), Name：＿＿＿＿＿＿＿

　Ann は高校1年生のアメリカ人です。彼女の両親は，最近 Ann が勉強しなくなり，生活が乱れ始めてきているのをとても心配しています。Ann の親になったつもりで，例にならい had better と had better not を使って，Ann に忠告してください。なお，英文は下線部に書くこと。

(例)　Ann is going to take exams next week.
　　・You had better do some work.
　　・You had better not waste your time.

1. Ann wants to invite her friends to a party.
　　・＿＿＿＿＿＿＿＿＿＿＿＿＿＿＿＿＿＿＿＿＿＿．
　　・＿＿＿＿＿＿＿＿＿＿＿＿＿＿＿＿＿＿＿＿＿＿．

2. Ann's parents want to watch television, but Ann is playing very loud music in her room.
　　・＿＿＿＿＿＿＿＿＿＿＿＿＿＿＿＿＿＿＿＿＿＿．
　　・＿＿＿＿＿＿＿＿＿＿＿＿＿＿＿＿＿＿＿＿＿＿．

3. Ann wants to stay overnight at her friend's home with a group of friends.
　　・＿＿＿＿＿＿＿＿＿＿＿＿＿＿＿＿＿＿＿＿＿＿．
　　・＿＿＿＿＿＿＿＿＿＿＿＿＿＿＿＿＿＿＿＿＿＿．

4. Ann's boyfriend asked her to go to a rock concert with him.
　　・＿＿＿＿＿＿＿＿＿＿＿＿＿＿＿＿＿＿＿＿＿＿．
　　・＿＿＿＿＿＿＿＿＿＿＿＿＿＿＿＿＿＿＿＿＿＿．

(2)　何人かの生徒を指名して，自分の書いた英文を口頭で発表し

てもらう。その際，必要なコメントを行う。
(3) ペアを組んで，お互いに WORKSHEET を交換し，今度は各自が Ann になったつもりで，相手が書いた英文を見て，それに対する自分の意見を英語でレポート用紙にまとめる。
(4) その後，(3)でまとめた意見を相手に見せて，片方が Ann 役になり，もう片方が彼女の親の役になって，role playing game を行ってもおもしろいであろう。また，WORKSHEET Cと上の(3)のレポート用紙を並べて全員に教室に掲示させて，上記の活動の⑦と⑧で紹介したような手順で，生徒同士の投票形式により人気の作品を選ばせてもよいだろう。

C．指導上の留意点と評価

「評価」は教師のみが行うものではない。生徒同士での「評価」もまた，積極的に行われてよいのではないだろうか。ただし，その場合の評価は，いわゆる「査定」や「成績付け」ではない。それは，生徒がお互いに刺激し合い，また，学習意欲をさらに高め合うというねらいを持つものである。その意味で，生徒が気に入った作品を選んでそれに投票する際には，いい加減な気持ちではなく，きちんと襟を正して投票しなければならない。また，得票数の多かった作品については，なぜその作品に人気が集まったかを話し合ってみるのがよい。というのは，その中から，生徒は英語を「書く」際の「コツ」のようなものを自然と体得するものであるからである。例えば，次の例を見てもらいたい。これは，筆者が実際に授業で行ったところ生徒の人気が非常に高かった作品のひとつである。

Conversation 3 :
Kenji　　　: May I ask you a question, Ms. Brown?

Ms. Brown : Sure.　Go ahead.
Kenji 　　 : Did you want to be a teacher when you were a high school student?
Ms. Brown : Yes, I did.　I intended to be an English teacher at that time.
Kenji 　　 : Now you ARE an English teacher.　Are you enjoying teaching English here in Japan?

(以下生徒の作品)

Ms. Brown : Certainly. I'm very happy to be here and teach you English. But, Kenji, why are you asking me such questions? I imagine you're thinking about your future. Right?
Kenji 　　 : Yes, you're right. To tell you the truth, I don't know what I should be in the future.
Ms. Brown : Well, Kenji, you're still young.　Don't be in such a hurry. Do whatever you want to do now, then you will be able to find your own way. Take it easy, Kenji.
Kenji 　　 : Thank you, Ms. Brown. You cheered me up. I'll do my best.

　多少不自然な英文があるものの、もとの会話(Conversation 3)の内容、特にKenjiの心情を行間からよく読み取って、それを生かしながら会話をつなげているところは見事である。また、彼ら高校生の素直な気持ちを、Kenjiに代弁させているところが、おそらく他の生徒からの共感を呼んだのであろう。

4 態

　受動態の指導というと，いわゆる「たすきがけ」に代表されるような能動態との書き換えドリルが中心であると考える方が多いのではないだろうか。しかし，単にそのような文レベルでの表層的なとらえ方では「態」の核心をついた本質的な指導へはつながらない。そもそもなぜ「受動態」という形が存在するのか，その存在意義を生徒にまず認識させたい。さらに，特に注意すべき受動態の表現形式についてここで取り上げることとする。

1 なぜ受動態を用いるのか？

1 文法エッセンス No.10

　受動態を用いる理由は次の3つ。
① 誰がそれをするのかということより，何がなされるのかという行為や事実そのものに重点をあてて述べたいとき。
② 「情報の原則」(p.12参照) に従うのが自然なとき。
③ 「頭でっかち (top-heavy)」の英文になるのを避けるとき。

解説

　　a．Joy and woe are woven fine,

A clothing for the soul divine.
　―William Blake (1757-1827) "Auguries of Innocence"―
　(喜びと悲しみは綾に織りこまれた
　神ながらの霊魂の衣（別宮貞徳訳））
　――ウィリアム・ブレイク「無垢の予兆」――
感嘆の意を込めた Oh [ou] を想起させるような [ou] の音の繰り返し（woe, woven, clothing, soul）が心の中で微妙に響き合い，読む者の魂をゆさぶる。人間には喜び（joy）と悲しみ（woe），幸福と不幸の両方が必要なのだと，この名句は我々に訴える。Joy は縦糸，woe は横糸。それらを使って織られた衣を我々は身にまとうのである。ところで，その衣は一体誰が織るのか。もちろん，それは「神」である。しかし，ここではそのようなことは改めて言及する必要などない。むしろ大切なのは，joy と woe を織物の縦糸と横糸に見たて，それらが立派に織られるという行為そのものである。そして，受動態が用いられている理由もそこにあるのである。

　次の例にも同様のことが言える。

　　b．And, for all this, nature is never spent;
　　　There lives the dearest freshness deep down things.
　　―Gerard Manley Hopkins (1844-89)
　　　"God's Grandeur"―
　　(何があろうと，自然は尽きることがない。
　　物の奥深く，貴い新しいいのちが生きている。
　　(別宮貞徳訳))
　　――ジェラード・マンレー・ホプキンズ「神の偉大さ」――
　ここでは，自然（nature）は「誰」によって費やされる（spent）のかは問題ではない（もちろん，それは「人間によって」であろうが）。重要なのは，自然というものは決して費やされること

第4章　態　　71

はないという事実である。したがって、受動態が用いられている。

さて、次に、受動態を使う第2の理由を示す例を次に示そう。

   c. Whether I shall turn out to be the hero of my own life, or whether that station will be held by anybody else, these pages must show.

—Charles Dickens (1812-70) *David Copperfield*—

ここで"that station"というのは「hero という立場・地位」のことである。そして、2番目の whether 節は前の whether 節の内容を受けて、すでに話題となっていること（旧情報）である that station を主語にしてそこから話を始めるのは、「情報の原則」に忠実に従っており、文脈上極めて自然な成り行きであると言える。2番目の whether 節に受動態が用いられているのも、このように自然な英文の流れを作りだすというねらいがあるからなのである。その他にも、簡単な類例を下にもうひとつ挙げておく。

   d. 'Nice picture.' 'Yes, it **was painted** by my grandmother.' (*PEU,* p.410)

受動態を使う第3の理由は、文の主語が異様に長く（=「頭でっかち (top-heavy)」に）なり、不自然な英文になることを避けるためである。次の例文で確認してもらいたい。

   e. I **was annoyed** by Mary wanting to tell everybody what to do. (More natural than *Mary wanting to tell everybody what to do annoyed me*—the phrase *Mary...do* would make a very long subject.) (*ibid.*)

   f. I **was moved** by Lisa's decision to devote herself to helping the disabled in the community. (More natural than *Lisa's decision to devote herself to helping the* *disabled in the community moved me.*)(『ライティングのための英文法』, p.138)

次の"② Communication Practice"では,特に受動態を使う第2の理由に焦点を当てた活動を紹介する。なぜなら,それは英語での自然なコミュニケーションを心がけようとするときに,避けて通れないポイントであるからである。

② Communication Practice

A. 指導のねらい

1. 「情報の原則」に基づいた自然なコミュニケーションを成り立たせるために用いられる受動態の使い方に習熟する。
2. information gap を使った活動のなかで,正しい情報のやりとりを行う。
3. 文脈や場面をとらえた適切な英文を創作し,相手に伝える。

B. 指導の流れ

① 生徒にペアを組ませた後,次の会話を板書し,一方の生徒には下の Sheet 1を,他方の生徒には Sheet 2を配付する(お互いに見せ合わないこと)。

―――― 板書 ――――

(例)

　A は Sheet 1を持っている生徒。

　B は Sheet 2を持っている生徒。

A: What happened to Tom?　He looks sad.

B: He was scolded by his mother.

A: Why?

B: Because he broke her favorite vase.

Sheet 1:

(例)

He was scolded by his mother because he broke her favorite vase.

(1)

[her teacher/ praise]
because _____

(2)

(3)

[his teacher/ tell/ clean the classroom alone]
because _____

(4)

(5)

(空欄)

Sheet 2：

(例)	(1)	(2)
[his mother/ scold] because he broke her favorite vase.	_____ _____ _____ _____ _____	[his classmates/ tease] because _____ _____ _____
(3)	(4)	(5) (空欄)
_____ _____ _____ _____ _____	[her boyfriend/ drop] because _____ _____ _____	_____ _____ _____ _____ _____

② (例)にならって(1)～(4)のイラストについて会話をするように指示する (Sheet 1 の生徒は(2), (4)についてAの役を行い, Sheet 2 の生徒は(1), (3)についてAの役を行う)。その際,

第4章 態 75

[　　]内に与えられた語句を使うものとする。また, because 以下の下線部は各自で自由に想像して予め埋めておくこと。イラストの下がすべて下線部になっているところは, 相手の言うことをよく聞き取って埋めることとする。

◆(1)～(4)の会話例を以下に示す◆

(1) **A (Sheet 2の生徒)**: What happened to Mary? She looks happy.

　B (Sheet 1の生徒): She was praised by her teacher.

　A: Why?

　B: Because she got a perfect score on her math test.

(2) **A (Sheet 1の生徒)**: What happened to Jack? He looks angry.

　B (Sheet 2の生徒): He was teased by his classmates.

　A: Why?

　B: Because he didn't get any Valentine chocolates.

(3) **A (Sheet 2の生徒)**: What happened to John? He looks troubled.

　B (Sheet 1の生徒): He was told to clean the classroom alone by his teacher.

　A: Why?

　B: Because he is often late for school these days. That is the punishment for it.

(4) **A (Sheet 1の生徒)**: What happened to Jane? She looks disappointed.

　B (Sheet 2の生徒): She was dropped by her boyfriend.

　A: Why?

　B: Because he found a new girlfriend.

③　ペアをいくつか指名して, (1)～(4)についてそれぞれ発表させ

る。その後，余力があれば，ペアで相談しながら(5)の空欄に新しい人物を設定し，イラストを書いてオリジナルの会話を創作し，発表させてもよいだろう。

(例)

　A : What happened to Ann?　She looks nervous.

　B : She was chosen to participate in the speech contest.

　A : Wow!　That's great!　What is she going to talk about?

　B : I don't know.　Let's go ask her and cheer her up, too!

バリエーション活動

(1)　5人から成る小グループを作る。

(2)　上記の活動の Sheet 1, 2 で登場する, (例)を含めた5人の顔をそれぞれひとりずつ次のようなカードにしておき，それらを各グループのめいめいに配付する（これをカードAとし，お互いに見せ合わないこととする）。

[his mother/ scold]

[her teacher/ praise]

[his classmates/tease]

第4章　態　77

[his teacher/
tell/ clean
the classroom
alone]

[her boyfriend/
drop]

また，同時に，次のようなカードBも各自に配付する。

Names:	How do they feel?:
〈　　〉	sad, happy, angry, troubled, disappointed
〈　　〉	sad, happy, angry, troubled, disappointed
〈　　〉	sad, happy, angry, troubled, disappointed
〈　　〉	sad, happy, angry, troubled, disappointed
〈　　〉	sad, happy, angry, troubled, disappointed

(3) 次のような会話をグループ内で順番を決めて行い，カードAの人物の名前を上のカードBの〈　〉内に記入した後，その人物はどのような気分（表情）でいるのかを当てて，適語を○で囲む。

(例)　A : What is the name of the person on your card, B?
　　　B : It is Tom.
　　　A : O.K.　So what happened to Tom?
　　　B : <u>He was scolded by his mother (because he broke her favorite vase).</u>
　　　（下線部は各自その「顔カード」の持ち主が[　　]内の語句を使って答える。なお，(　　)内の because 以下は

option とし，付け加えられればさらによし，としておく。）

　この例であれば，上記のカードBの Names の〈　〉にはまず Tom と記入され，How do they feel? の欄からは sad が選ばれて○で囲まれることになる。

(4) (3)がすべて終わり，準備ができたら全員でカードを見せ合い，正解をチェックする。全問正解者は何人いるかを確認し，点数制にして競わせてもよいだろう。

C．指導上の留意点と評価

　この活動で行うペアでの会話において，Bの最初のセリフでは受動態が用いられるのが自然であるということを理解させたい。つまり，会話の出だしのAのセリフは例えば "What happened to Tom? He looks sad." であり，Tom という人物が新情報として話題に出てくる。そして，それを受けるBの応えにおいては，Tom はもはや既知の情報（旧情報）として文頭に据えられ主語となり，その Tom が一体何をした（された）か，あるいは，どうなった（どうされた）かという情報を今度は新情報として文末に据えることになる。これが「情報の原則」に則った自然な流れであり，この流れを形にするために必然的に受動態が使われるというわけである。

　このことは「バリエーション活動」にも当てはまる。つまり，自分の持っている「顔カード」の人物がまず新情報として話題となり，今度はそれを旧情報として受けて文頭の主語に据え，その人物が何をした（された）か，どうなった（どうされた）かということを新情報として文末に持ってくるという流れである。

　したがって，上記の両方の活動とも，Tom の例で言えば，He (=Tom) was scolded by his mother. とは言えても，His mother scolded him. と言うのは極めて不自然になってしまうのである。

2　注意すべき受動態

1　文法エッセンス №11

受動態では，述語動詞はどれで，その用法や意味は何かを押さえることが鍵になる。それができれば次のつまずきは克服できる。

① *I was stolen my purse by a thief.
② *I was spoken in English by a stranger.
③ ?His name is known by many baseball fans.

●解説

上記①の英文において「盗まれた」のは何か？その文を書いた者が，それは「財布だ」と答えるとしたら，それはおかしい。なぜなら，steal という動詞は＜S＋V＋O＋O＞の文型をとることはできず，したがって，次のような受動態の形は steal を述語動詞とする受動態には用いられないからである。

　a．I was given a nice watch by my uncle.
　b．I was sent this book by my parents.
①は正しくは次のようになる。
　c．My purse was stolen by a thief.
　d．I had my purse stolen by a thief.
　c．の文は，ある意味で自分をつき放し，淡々と事実を客観的に述べている印象を受ける。そしてこれが＜be 動詞＋過去分詞＞の形の受動態が持つひとつの大きな特徴である。一方，d．

の形はI（私）が主語に据えられており，「私」と「財布が盗まれた」ということとの関わりを鮮明にアピールしている印象を受ける。そして，内容的にはこの場合主語にとって好ましくないことを表していることから，結果として「被害」のニュアンスが伝わってくるのである。ところが，次の例のように，文脈によっては主語にとって「好ましくない」わけではない場合もあり，これを「使役」用法として区別する文法書が一般的である。

  e．I had my bicycle repaired by my father.

しかし，「被害」か「使役」かということはその文の内容が主語の意志に基づくものかどうかということで判断されるだけの話であり，d．とe．のいずれにせよ目的語(O)と補語(C)の間には「受け身」の関係が成立しているので，ここでは両方を「受動態」として扱うことにする。話をもとにもどすが，要するにこの①では，述語動詞stealの用法をしっかりと把握してさえいれば無用の誤りを避けることができるのである。

 同様に，②についても speak を述語動詞として"I was spoken"の形で用いるのはどう考えても意味的におかしい（「私が」「しゃべられる」とはどういうことなのか？意味不明）。「話しかけられた」という意味にしたいのであれば，"speak to 〜"という1語の他動詞と同じ働きをする**「句動詞」**を述語動詞として用いて受動態を作らなければならない。したがって，正しくは次の通り。

  f．I was spoken to in English by a stranger.

 さて，最後に③であるが，ここではこの文の述語動詞はどれかを考えてみなければならない。というのは，これは実は次のように分析できるからである。

  g． His name is known …
     S   V C

cf. c ． <u>My purse</u> was <u>stolen</u> ...
　　　　　S　　　　　V

　f ． <u>I</u> was <u>spoken</u> to ...
　　　S　　　V

すなわち，③の文においては述語動詞は be 動詞の is であり，known は動詞の過去分詞と見なすのではなく，「～に知られている」という意味の一種の形容詞と見なすのである。そうすれば，③はもはや「受動態」の英文とは言えず，その後ろに "by～" を持ってくる必然性はない。そうなるとこれは形容詞と前置詞とのコロケーションの問題となり，実際の指導としては，それらを成句として覚えさせればよいということになる。例えば，この③の場合は，意味的には "be familiar to" と同じと考え，"be known to" という形をとるのが一番自然である。したがって，③の英文は正しくは次の通りとなる。(ただし，実際の会話では by を使った形が使われることもあるので，非文マーク（＊）はつけなかった。)

　h ． His name is known to many baseball fans.
類例をひとつ示そう。

　　i ． Now the first of December was covered with snow.
　　　― James Taylor, *Sweet Baby James* (1970) ―

これは，そのやさしく甘い歌声で1970年代に全米のスーパースターとなった James Taylor の *Sweet Baby James* という歌の歌詞からの一文であるが，これも covered を「～でおおわれている」という，状態を表す一種の形容詞と見なせば，それとのコロケーションの関係で「手段・道具」を表す with という前置詞が用いられているのだと考えることができるのである。

ただし，次のような英文も一方では確かに存在する。

　　j ． The true story will be known by the press.

(『ライティングのための英文法』, p.141)

k．His body was covered by snow.
(『英語の感覚（下）』, p.44)

これは，known と covered が形容詞というよりも本来の完全な動詞として機能しているからである。つまり，両者とも端的に動作的なニュアンスが含まれており，その結果，j.は the press がまるでハイエナのようにエサ（= the true story）に喰らいつく様が感じ取れるし，一方，k.においては雪が彼の亡骸を抱きしめるようにおおっている感じが読み取れるのである。

2 Communication Practice

A．指導のねらい

1．受動態に関する注意すべき次の3つの用法に習熟する。
(1) ＜have＋目的語＋過去分詞＞の構文
(2) 「句動詞」を用いた受動態
(3) by 以外の前置詞を用いた受動態
2．「伝言ゲーム」や「インタビュー活動」を楽しませる。

B．指導の流れ

① 次の WORKSHEET をめいめいの生徒に配付し，指示にしたがって各自で取り組ませる。

WORKSHEET

Class (　)，No. (　)．Name: ＿＿＿＿＿＿＿＿＿

例にならい，（　）内に入る適語を，下から選んでその形を変え，かつ，必要ならば適切な前置詞をつけて答えなさい。

　pay, take, speak, scare, know, steal, laugh
(例) Your meals will (　　) by our company.

(Ans. be paid for)
1. I have had my bicycle (　　) before.
2. I want to have my photograph (　　) by a professional photographer.
3. I was (　　) by my friends because my joke was stupid.
4. I was (　　) by a policeman last night when I was riding my bicycle without turning on the light.
5. Her name, Midori, is (　　) many music lovers.
6. Masao is (　　) failing the math exam again.

② 答えを周りの仲間と見比べさせた後，指名しながら各文を音読させ，答えを確認する（必要に応じて解説を加える）。

◆解答
1．stolen，　2．taken，　3．laughed at，　4．spoken to，　5．known to，　6．scared of

③ 赤ペンを使って各文の次の箇所に下線を引くように指示する。

1．I have had <u>my bicycle stolen</u> before.
2．<u>I</u> want to have <u>my photograph taken by a professional photographer.</u>
3．<u>I</u> was laughed at by <u>my friends</u> because <u>my joke was stupid.</u>
4．I was spoken to by <u>a policeman last night</u> when <u>I was riding my bicycle without turning on the light.</u>
5．<u>Her name, Midori,</u> is known to <u>many music lovers.</u>
6．<u>Masao</u> is scared of <u>failing the math exam again.</u>

④ 各自③のそれぞれの英文の下線部を自由に書き換えて全く新

しいオリジナルの英文を作り，それらをノートに書くように指示する（ただし，1.と2.については＜have＋目的語＋過去分詞＞の形を用いることとする）。

⑤　生徒各自に1枚ずつ白紙のカードを配り，そのカードに④で作ったオリジナルの英文のうち一つを選んで書くように指示する。

⑥　全員のカードを回収，トランプのようによく切った後，各列の先頭の生徒が1枚ずつカードをピックアップし，次の要領で「伝言ゲーム」を行う（事前に各列の人数を揃えておく。また，各列の一番後ろの生徒に，伝えられてきた英文を記入する「伝言記入カード」（白紙の紙）を渡しておく）。

〈1〉　先頭の生徒は自分のひいたカードに書かれてある英文を暗記し終えたら，すぐに後ろの生徒にその文を口頭で伝える（カードを相手に見せたり，カードを見ながら伝えたりしてはいけない）。

〈2〉　2番目以降の生徒は伝えられた英文を次々と後ろの生徒に伝えていく。なお，先頭の生徒は最初の英文を後ろの生徒に伝え終えたら次のカードを引き，同じ手順で英文を伝言していく。

〈3〉　一番後ろの生徒は，伝えられた英文をすべて「伝言記入カード」に書き留める。

〈4〉　教師の合図で活動を止め，一番後ろの生徒は「伝言記入カード」を先頭の生徒に渡す。そして，先頭の生徒はその「伝言記入カード」と最初に自分がひいたカードとを順に照合しながらそれぞれの英文をチェックし，終わったら教師にすべてのカードを渡す。最も多くの英文を最も少ない誤りで伝えきった列が優勝チームとなる。

⑦　最後に教師が活動を振り返って全体的なまとめを行い，生徒

が作った英文についても必要なコメントを加える。

バリエーション活動（発展）

(1) 上記④において，主語を"I"として自分のことについて述べる文を各自ひとつ作らせ，それをカードに書かせる。ペアで，そのカードを交換し合い，次の例のような要領でお互いにインタビューをさせる。なお，インタビューをする際には必ずメモをとるように指示する。

(例) Aがinterviewer。

A: I'm sorry to learn that you've had your dictionary stolen before. When did it happen?

B: It happened a week ago.

A: Where?

B: In our classroom. We were out playing a soccer game in P.E. class at that time. I had left the dictionary on my desk. And when I came back to the classroom, it had disappeared.

A: I see. Was it an expensive dictionary?

B: No, it wasn't. But I'd just begun to get used to it, you know.

…

(2) メモを参考に，インタビューの内容を英語でまとめてレポート用紙に書き，提出させる。

(例) Satoshi had his dictionary stolen a week ago. He hasn't gotten it back yet. It was stolen from our classroom when we were playing a soccer game on the field in P.E. class. It might have been his mistake because he left the dictionary on his desk. But I don't think he can be blamed. The dictionary was not very expensive, so he says,

but it's a pity because he had just begun to get used to it and he can't use it any longer....
(3) 授業後，点検した後，優秀なものについては印刷して次時に全員に配付し，読ませる。適宜必要なポイントについてはコメントや解説を加える。

Ｃ．指導上の留意点と評価

　まず，①の WORKSHEET でどれだけ生徒が正答を出せるかを見てみたい。生徒には，正解を得た問題番号ごとに挙手させて，手の上がり具合の少ない問題番号については，再度ていねいに解説するなどして，十分な理解の定着に努めたい。

　さて，④や(1)では生徒は自分でいわゆる自由英作文をするわけであるが，④については事実に基づく文であってもよいし，架空のことを述べた文であっても構わない（(1)については，事実に基づいた文であることが原則）。要は，あまり時間をかけずに，手早く作文ができるかどうかである。また，この④で生徒が書く英文は「伝言ゲーム」で使うことになるので，あまり長い文では困る。事前に字数制限等を行って，出来上がる文の長さがほどよくなるような工夫を施すこともできる。なお，生徒が書いた英文が文法的に正しいか，あるいはスペリング・ミスがないかどうかが気になるところである。この問題をクリアするためには，次の３つの方法が考えられる。

１．仲間の生徒から自分が書いた英文をチェックしてもらう（各自，辞書等を使いながら）。
２．英文を書き上げた生徒から順に教師からチェックしてもらう。
３．英文を書いた全員のノートやカードを一旦回収し，次時までにＡＬＴの助けも借りながら教師がチェックする。その後，次

時において実際の活動を行わせる。

どれもそれぞれに一長一短があるが，活動の中で誤った英文がインプットされてしまうかもしれない危険性を考えれば，英文の「正確さ」はできるだけ保証する必要があるだろうし，また，そのための配慮は十分に行うべきであろう。したがって，場合によっては，上記1.～3.のチェック方法を複数組み合わせて行うことも考えられる。

最後に，「バリエーション活動」について。いきなりインタビューを始めるのが難しいようであれば，数分間時間を取り，予め相手に尋ねる質問をノートにメモさせておいてもよいだろう。いずれにせよ，ここでは，ペアでどれくらいインタビューが盛り上がって長続きするかが評価のひとつのポイントである。具体的には，的確でわかりやすい質問をしているか，質問の趣旨に沿って正しく答えているか，会話をつなげ，続かせる努力をしているか，などの観点で活動を見守りたい。もちろん，教師の助けを必要とするペアもあるであろうが，私の体験からすると，あまりしつこくひとつのペアにへばりついて「指導」を加えるのは，それらの生徒の自主性や「やる気」をそいでしまう結果になることが多いようである。活動の「ねらい」や「意義」を生徒自身がしっかりと認識していれば，最初は慣れるまでに多少時間がかかっても，自分自身の力で結局は何とかその活動を成し遂げることができるものである。活動の「しこみ」は綿密に，指示は簡潔・的確に行い，後は生徒を信頼して見守り，「支援」するという姿勢が大切であるように思う。

5 準動詞

　「準動詞」と呼ばれる不定詞・動名詞・分詞は動詞の働きを持っているが，主語の人称・数などによって語形変化することがない。また，それらは文中では名詞・形容詞・副詞などの性質を兼ね備えている。それぞれに分析的に見ればさまざまな用法を持っているが，ここでは英語コミュニケーションを行う上で有用なポイントで，かつ，生徒がつまずきやすいものを取り上げることにする。

1 不定詞

1 文法エッセンス No.12

> ＜S＋V＋O＋to不定詞＞の構文をとりそうに思えるが，実際にはとらない動詞（V）がある。代表的なものは suggest, propose, demand, insist の4つ。
> (例)　*Her uncle suggested her to get a job in a bank.
> 　　（→Her uncle suggested that she (should) get a job in a bank./Her uncle suggested getting a job in a bank.）
> (*PEU* (New Edition), p.571)

解説

　不定詞は，それ自体でひとつの意味を持ってはいるが，誰

第5章　準動詞　89

がそれをするのかという主体は定まっていない。不定詞の真髄は，この「中ぶらりん」な状態を文中でどのように「固定」するか，すなわち，不定詞の主語をどのように決定するかということである。そして，そのひとつの具体的な方法として＜Ｓ＋Ｖ＋Ｏ＋to 不定詞＞の形がある。例を示そう。

　a．...

　　She once was a true love of mine.
　　Tell her to make me a cambric shirt,
　　...
　　Tell her to find me an acre of land,
　　...
　　Tell her to reap it with a sickle of leather,
　　...

—Paul Simon, *Scarborough Fair* (1966)—

ここで問題にしたいのは2行目以降の3つの英文である。それぞれ誰が make し，find し，reap するのかという不定詞の主体はすべて「彼女（she）」であるということが，tell を動詞（Ｖ）とした＜Ｓ＋Ｖ＋Ｏ＋to 不定詞＞の形をとることによって「固定」されるのである（なお，ここではＳは命令文のため省略されている）。実際，この文型をとる動詞（Ｖ）の数は多く，その用法も各動詞の意味と統語的な特徴によっていくつかに分類することが可能ではある。しかし，ここで特に指導上重要なのは，その文型をとれない動詞にもかかわらず，つい誤ってその形を使ってしまうケースがあるということである。そのような動詞の代表的なものは suggest, propose, demand, insist であるが，不思議なことにこの点を指摘する日本語で書かれた「文法書」はほとんどなく，また，*PEU* をはじめとする海外の文献においても，そのような誤りがよくあるという指摘はあるものの，なぜその誤りが生

ずるのかということに関する考察はない。しかし，私の長年生徒を指導してきた経験から言えば，どうやらこれは次のように説明できそうである。

まず，生徒は下の b., c. の文は，それぞれ d., e. の文に書き換えられることを知っている。

- b．Mr. Yamada told us to finish the homework as soon as possible.
- c．The doctor advised Tom to have a rest.
- d．Mr. Yamada told us that we should finish the homework as soon as possible.
- e．The doctor advised us that Tom should have a rest.

一方，同時に生徒は suggest や propose 等の動詞も，

- f．John suggested that we should go for a walk.
- g．Mary proposed that we should leave early.

という文型を取ることができるということも知っている。そして，このf., g. は具合の悪い（？）ことにd., e. と類似しているので，suggest や propose も tell や advise と同じ「仲間」であり，したがってf., g. も b., c. のように＜S＋V＋O＋to 不定詞＞を使って書くことができるかのように錯覚してしまうのであろう。

次の Communication Practice では，このような錯覚を払拭するための活動を紹介したい。

2 Communication Practice

A．指導のねらい

1．＜S＋V＋O＋to 不定詞＞の構文を使った表現に慣れる。
2．suggest, demand, insist は＜S＋V＋O＋to 不定詞＞の構文を取らないことを確認し，それらの正しい用法に習熟する。

3．「伝言ゲーム」や "Find someone who ... game" を楽しむ。

B．指導の流れ

① 教師は，あらかじめ教室の縦1列分の生徒数だけ次のような文をカードにして用意しておく。

（1列が6人の場合）

1．You can use my bicycle whenever you like. (allow)
2．You should get some exercise to keep fit. (advise)
3．Why don't you study English much harder? (persuade)
4．How about going to a movie with me this weekend? (suggest)
5．You had better come home by six o'clock every day. (demand)
6．You really must do your best at all times. (insist)

② まず，各縦列の先頭の生徒を教卓に呼び出し，上記1．の英文が書かれたカードを30秒間見せる。生徒はその間にその英文を次の2つの条件を満たして書き換え，それを暗記する。

(1) 主語を教師の名前に置き換える。
(2) （ ）内の動詞（1．の場合は，allow）を用いる。

（したがって，1．であれば次のように書き換えることになる。

Mr. Hagino allowed me to use his bicycle whenever I like.)

③ 暗記を終えた生徒から順にその英文を「伝言ゲーム」の要領で後ろの座席の生徒に伝えていく。そして，一番最後の生徒は，伝えられた英文をノートに書き留めておく。

④ 上記③を終えた列から順に，先頭の生徒は列の最後の座席に移動し，それに伴って後ろから押し上げられる形でその列のそ

の他の生徒はひとつずつ前の座席へと移動する。そして，今度はその結果先頭となった生徒（一番最初は前から2番目だった生徒）が教卓に行き，2．の英文が書かれたカードを見て，その英文を30秒間以内で上記②と同じ手順で書き換え（Mr. Hagino advised me to get some exercise to keep fit. となる），それを暗記する。その後，上記③と同様に文を伝言していく。

⑤ 以下，④の手順で同様に進めていく（結果として，一番最初の列では前から3番目の生徒には3．の英文，4番目の生徒には4．の英文...というふうに英文が割り当てられ，また，全員が列の最後尾に座って最終的に伝えられた英文をノートに書き留めるという役割を果たすことになる）。

3．以降の英文の書き換えの正解例：

3．Mr. Hagino persuaded me to study English much harder.

4．Mr. Hagino suggested (to me) that I (should) go to see a movie with him this weekend. (Mr. Hagino suggested (my) going to see a movie with him this weekend.)

5．Mr. Hagino demanded (of me) that I (should) come home by six o'clock every day.

6．Mr. Hagino insisted that I (should) do my best at all times. (Mr. Hagino insisted on my doing my best at all times.)

---

⑥ 時間を見計らってゲームを終了し（このタイミングについては後述），ノートに書き留められた英文を各列ごとに黒板に板書させる。

⑦ 伝言のスピードと板書された英文の正確さとを両方加味し

て，教師が各列に順位をつける。
⑧ 最後に1.～6.の英文をそれぞれ正しく書き換えた文を全員で音読し，正解を確認する。

バリエーション活動

(1) 次のカードを生徒めいめいに配る。

Find someone who ...
1. [allow]：use your bicycle whenever I like
   (   ), (   ), (   )
2. [advise]：get some exercise to keep fit
   (   ), (   ), (   )
3. [persuade]：study English much harder
   (   ), (   ), (   )
4. [suggest]：go to a movie with you this weekend
   (   ), (   ), (   )
5. [demand]：come home by six o'clock every day
   (   ), (   ), (   )
6. [insist]：do my best at all times
   (   ), (   ), (   )
---

(2) 次の例にならい，[ ]内の動詞を用いて"Find someone who ... game"を行う。

(例) (1.の場合)

A：Do you allow me to use your bicycle whenever I like, B?

B：I'm sorry, I don't.

A：Why not?

B：Because my bicycle is brand-new and I don't want anybody to touch it.

A： Oh, I see.

...

A： Do you allow me to use your bicycle whenever I like, C?

C： Sure. You can use my bicycle anytime.

A： Thank you very much. So please give me your signature here.（と言って（　）のひとつにサインしてもらう）

2．以降の尋ね方の例は次の通り：
  2．Do you advise me to get some exercise to keep fit?
  3．Do you persuade me to study English much harder?
  4．Do you suggest that I (should) go to a movie with you this weekend?
  5．Do you demand that I (should) come home by six o'clock every day?
  6．Do you insist that I (should) do my best at all times?

---

(3) 上記(2)の活動の結果をもとに，生徒は各自で次のようなまとめの自由英作文を行う。

（例）

　Takeshi allowed me to use his bicycle anytime, but Hiroshi didn't, because his bicycle is brand-new and he doesn't want anybody to touch it. ...

　Yoko suggested that I go to a movie with her this weekend. I'm very glad to learn that. I'll definitely go to a movie with Yoko this weekend. It'll be my first date with her. I'm looking forward to it!...

(4) 上記の英作文を提出させ，授業後に点検した後，次時に返却する。

C．指導上の留意点と評価

　上記の活動は，suggest, propose, demand, insist という動詞の用法に関する説明と，＜Ｓ＋Ｖ＋Ｏ＋to 不定詞＞の解説がひととおり終了した後，それらの定着をねらいとして行う，いわば「まとめ」の活動である。したがって，生徒がそれらを正しく理解していれば，①の英文を最初に書き換える段階でつまずくことはないはずである。しかし，実際には，どう書き換えたらよいかわからなかったり，あるいは，誤って書き換えてしまうということが懸念される。そのような場合，解決策としては，例えば①の英文を書き換えたものをまずノート等に書き留めさせ，それを教師に見せて「それでよし」というOKサインをもらえたら，次の生徒への伝言を始められることとし，1分間経過しても正解が出ない場合には，教師が正解となる英文を教えてやるといった手立てが考えられる。また，伝えられた英文に文法上の誤りがあることに気付いた生徒は，それを自分で訂正した上で次の生徒に伝言しても可とするということも考えられよう。

　次に，⑥におけるゲームを終了するタイミングであるが，実際に行ってみると，列によって伝言のスピードにかなり隔たりが出る場合がある。このような時には，早く終わった列には別の課題を与えると同時に，全体の状況をよく見ながら，2／3の列（例えば，6列あるクラスならその内の4列）が終了した時点でストップをかけると，活動が沈滞することなくスムーズに進むようである。

　「伝言ゲーム」というその性格上，誤りを含む英文を耳にしたり，相手にしゃべったりしてしまう可能性は確かにある。その意味で，最後の⑧の段階では，全員に正しい英文をきちんと確認し，定着させたい。

　「バリエーション活動」においては，実際に相手に問う質問文

はどのようになるのかということをゲームを始める前に全員で確認しておくべきであろう。また，生徒同士の「会話例」や(3)の段階での自由英作文の例などもそれぞれの活動に実際に入る前に生徒に示し，彼らが活動に取り組みやすくする配慮を心がけたい。

2 動名詞

1 文法エッセンス No.13

　動名詞を用いるか，それとも to 不定詞を用いるかという問題は，結局は個々の動詞や形容詞の語法あるいは慣用表現ということでとらえるしかない。ただし，次の2点を押さえておくと，使い分けの際に役に立つ。
① to 不定詞は未来指向であり，これから行われる未来の行為について言及する。一方，動名詞は時間的に中立，もしくはすでに行われた過去の事柄について言及する。
② 前置詞の to か to 不定詞の to かという判断は，to の後に名詞（句）を置いてみて，文法的に成立すればそれは前置詞である。したがって，その to の後には動詞の原形ではなく動名詞がくる。

解説

　to 不定詞の to は，本来は方向を示す前置詞であった。このことは何を意味するか。それは，今ではほとんど記号化してしまったとは言え，この to を用いる to 不定詞はやはりこれからある方向へ向かって何かが起きるという未来指向を本来的に含んでいると考えることができるのである。例えば，次の例を見ていただきたい。

a．If I fell in love with you

　　Would you promise **to be true**

　—John Lennon and Paul McCartney, *If I Fell* (1964)—

ここで，promise という動詞が用いられているが，これは動名詞ではなく不定詞を目的語とする。しかし，これは考えてみれば至極当然のことである。というのは，promise というのは，そもそもこれから先の将来のことについて「約束」するわけであり，その意味で「未来指向」の to 不定詞と誠に相性が良いというわけである。

また，形容詞 ashamed と to 不定詞を用いた例文

b．I'm ashamed **to go** out in this shabby coat.

は「こんなよれよれの上着を着て外出するなんて，恥ずかしくてできない」という意味であり，ここでもやはり to 不定詞 (to go) は未来のことについて言及していることがわかる。そして，きわめつきは，シェイクスピアの次の最も有名なセリフの最も有名な出だしであろう。

c．**To be**, or **not to be**: that is the question:

　—William Shakespeare (1564-1616), *Hamlet* iii. 1 —

　　（しかあるべきか，しからずか，それが思案のしどころぞ。(別宮貞徳訳)）

　――ウィリアム・シェイクスピア『ハムレット』3 幕 1 場――

ここでは何がなんでも to 不定詞を用いてもらわなくては困るところである。父の死後，母が叔父と再婚したことを知ったハムレットは，その後父の亡霊から自分はその叔父に殺されたことを告げられる。このまま現状を受け入れ，何もせずにただ生きていく「苦しみ」をとるか（"to be"（「しかあるべき」）），あるいは父の仇を討ち，叔父に対して復讐を果たした後自分も死ぬか（"not to be"（「しからず」）），かくしてハムレットは「生死を賭けた」

ジレンマに悶え苦しむことになる。ただ，ここで指摘したいのは，そのいずれにせよハムレットは「未来」のことについて言及しているということであり，したがって，彼の苦悶とは裏腹に，ここでは悩むことなく to 不定詞が用いられることになるというわけである。

　一方，動名詞はその名の通り動詞的性質と名詞的性質とを兼ね備えたものである。名詞には「現在・過去・未来」といった「時制」の概念はなく，他方動詞には当然その概念がつきまとう。したがって，もし動名詞の名詞的性質が強調されて用いられれば，それは時間的には中立で，物事を一般的にとらえて述べていると解釈される。例えば，a．と同じ曲の歌詞に次のような文がある。

　d．I found that love was more than just **holding hands**
　　—John Lennon and Paul McCartney, *If I Fell* (1964)—

ここで，holding hands というのは，時間的な概念は何も含まれず，ただ，「手をつなぐこと」という行為そのものを一般的に述べているにすぎない。

　それでは，もし動名詞の動詞的性質が強調されるとどうなるか。例えば，動名詞は動詞が取り得る重要な形のひとつである完了形を取ることができる。

　e．She regrets **having wasted** her time and money. (江川, p.355)

しかし，述語動詞 regret の意味から考えて，その目的語となる事柄の内容は明らかに時間的には前に行われたことである。したがって，わざわざ完了形 (having wasted) を用いる必要はなく，単純形 wasting を使うのが普通である。類例を以下に挙げる。

　f．He was ashamed of **asking** such a silly question.
　　（＝He was ashamed of having asked（＝ that he had

asked) such a silly question.)（江川，p.356）

g．He admitted/denied **stealing** the bicycle.

（＝He admitted/denied having stolen（＝that he had stolen) the bicycle.）（*ibid.*）

このことから，動名詞はその単純形においても，すでに行われた過去の事柄について言及することができると言える。

以上のことを理解しておくと，例えば生徒がよくつまずく次のような動名詞と to 不定詞の使い分けについて，すっきりとした説明をすることができるのがおわかりだろう。

h．I remember **locking** the door.

（私はドアをロックしたことを覚えている。

locking：動名詞＝過去の事柄について言及）

i．You have to remember to **lock** the door.

（忘れずにドアをロックしなければいけないよ。

to lock：to 不定詞＝未来の事柄について言及）

j．I forgot **writing** a letter to her.

（私は彼女に手紙を書いたことを忘れてしまった。

writing：動名詞＝過去の事柄について言及）

k．Don't forget **to write** a letter to her.

（彼女に手紙を書くことを忘れないようにしなさい。

to write：to 不定詞＝未来の事柄について言及）

また，例えば，

l．I was a fantastic student until ten, and then my mind began **to wander**.

―Grace Paley (1922-), *Art Is on the Side of the Underdog*―

（あたしは10歳まではすごくよく出来る生徒だった，そしてそれから私の頭はさまよいはじめた。（加島祥造訳））――グレース・ペイリー（アメリカの短篇小説家）――

という Paley のことばで,なぜ彼女は動名詞を用いて began wandering とせず,上記のように to 不定詞を用いたのかということもすぐに理解できる。つまり,それは「10歳を過ぎてその先は…」という時間的に先のこと(=未来)をここで述べようとしているからに他ならない。

さて,次に上記「文法エッセンス No.13」の②のポイントについてであるが,これは例えば次のように考えて判断してみたら,ということである。

m. I'm looking forward to **his visit**. は可。したがって,
I'm looking forward to **seeing** him again. も可。

n. I object to **his idea**. は可。したがって,
I object to **accepting** his idea. も可。

2 Communication Practice

A. 指導のねらい

1. 動名詞を目的語としてとる動詞と,不定詞を目的語としてとる動詞とを正しく区別しながら用いることができる。
2. 前置詞の to か to 不定詞の to かを見極めて,それらを含む表現を正しく用いることができる。
3. 「喫煙」についての自分の意見を,英文でまとめて書く。

B. 指導の流れ

① 次のプリント(WORKSHEET)を全員に配付して,各自で取り組ませる。

WORKSHEET

Class (　), No.(　), Name:＿＿＿＿＿＿＿＿

次は「喫煙(smoking)」に関するアンケートです。

(　)内から正しい方を選んで○で囲み,その後,その英

文の質問に答えましょう。例にならって，Yes, No, Not sure のいずれかに○をつけることとします。

(例) Are you for ((smoking)/to smoke) in public places?

  Yes (No) Not sure

1．Are you against (advertising/to advertise) cigarettes?
  Yes No Not sure
2．Do you mind people (smoking/to smoke) around you?
  Yes No Not sure
3．Should shopkeepers be allowed (selling/to sell) cigarettes to children?
  Yes No Not sure
4．Can most smokers manage (stopping/to stop) smoking?
  Yes No Not sure
5．Do smokers risk (damaging/to damage) their health?
  Yes No Not sure
6．Can you decide (not smoking/not to smoke) until you become twenty?
  Yes No Not sure
7．Would you be ashamed (of refusing to smoke/to refuse to smoke) if you were offered a cigarette?
  Yes No Not sure
8．Would you object to (letting/let) people smoke in a car?
  Yes No Not sure
9．Are you used to (seeing/see) teenagers smoking here and there?

>   Yes   No   Not sure
> 10. Are you looking forward to (coming/come) of the age for smoking?
>   Yes   No   Not sure

("WORKSHEET"の内容は, Jennifer Seidl, 1993, *Grammar Three*, OUP, p.110 を参考にした。)

② ( )内から, どちらが適語として選ばれたか全員で確認する。必要ならば解説を加える。

解答

1. advertising, 2. smoking, 3. to sell, 4. to stop,
5. damaging, 6. not to smoke, 7. to refuse to smoke,
8. letting, 9. seeing, 10. coming

③ 上記①のアンケートでのクラス全体の回答を挙手により集計し, その結果を見ながら各自で「喫煙 (smoking)」についての意見を英文でまとめ, レポート用紙に書くように指示する。

④ レポート用紙を回収し, 授業後点検をして, 対立する意見となる代表作を2～3篇選び出して印刷し, 次時に配付して読ませ, その後, ディスカッションやディベートにつなげてもよい。

バリエーション活動

(1) 上記のアンケートに答えさせた後, 生徒は各自1.～10.の中からひとつ選んで, そのように回答した理由を英語で書く。

(例)

　　I'm against advertising cigarettes because it can promote smoking to people under twenty.

(2) 生徒をひとり指名し, (1)で書いた英文を発表してもらう。そして, それに対する反論を発表者以外の生徒全員が各自で考

え，それをノートにメモする。

(例)

 I don't agree with Taro ((1)での発表者の名前), because advertising cigarettes helps smokers to choose their favorite brand(s).

(3) 生徒をひとり指名し，(2)でメモした意見を発表してもらう。その後，それに対する反論をまた発表者以外の生徒全員が各自で考え，それをノートにメモする。

(例)

 I don't agree with Yoshiko ((2)での発表者の名前), because all the cigarettes are more or less similar, so advertising them is not necessary.

(4) 以下，同様の手順を繰り返す（適宜，(2)まで遡って，異なる項目について新たに始めてもよい）。

(5) その後，小グループに分かれて discussion をしてもよいし，それまでのクラスでの意見交換と自分がノートにメモした英文とを参考にしながら，まとめの自由英作文を書かせてもよいだろう。

C．指導上の留意点と評価

「喫煙」という，生徒にとっては割合「身近で」，「関心のある」テーマを扱っているので，比較的活動はスムーズにいくものと思われる。実際，私も行ってみて，生徒はみなそれなりに興味深く感じて取り組んでいたようである。ただし，英語で文章を書く，ある種の「気楽さ」ゆえか，生徒はすでに喫煙の経験があるということを文中で正直に「告白」したり，また，それとわかる内容が文章から読み取れるようなケースもあったりして，対応に悩んだことが思い出される。

評価の観点のひとつとして，③の段階では，WORKSHEETに記載されている1.～10.までの疑問文をそのまま平叙文に直し，適当にアレンジして書き連ねるのではなく，あくまで「自分自身の意見」が自分なりの文章構造の中でまとめられているかどうかが見極められるべきであり，その点がまさに重要なのである。

3 分詞

1 文法エッセンス No.14

名詞を修飾する分詞については，
① 名詞の前につけば形容詞のイメージでとらえ，
名詞の後につけば関係代名詞節のイメージでとらえる。
② もとの動詞の意味が分詞になっても生きている。
③ 現在分詞（-ing）は能動的な意味（～する，～している）
過去分詞（-ed）は受動的な意味（～された，～されている）。

解説

分詞は進行形を作り，完了形を作り，受動態を作る。また，いわゆる知覚動詞の構文や分詞構文など種々の構文においても用いられる。このように分詞には多彩な働きがあるが，ここでは特に分詞が名詞を修飾する場合を取り上げる。というのは，分詞を中心に据えた現場での指導において，生徒が最も頻繁につまずくポイントは分詞構文とこの名詞を修飾する分詞の用法についてであり，そして，日常一般の英語コミュニケーションにおける有用度

ということを考えると，やはり後者に絞られるというわけである。

　生徒が初めて分詞と出会うのは，ほとんどの場合，進行形や完了形，あるいは受動態においてであり，それらにおいては分詞は＜be 動詞＋-ing＞・＜have＋-ed＞・＜have been -ing＞・＜be 動詞＋-ed＞といういわばワンセットの中の一部として機械的にとらえられる場合が多い。したがって，それらを学習した後，分詞が名詞を修飾する場合に出会うと，最初戸惑いを示す生徒が少なくない。そのようなとき，上記「文法エッセンスNo.14」の①のような見方でまず分詞をとらえるように指導すればよい。

(例)　(1)　分詞が名詞の前についている場合：

　a．the setting sun

　　　現在分詞 setting は名詞である sun を「形容詞のように」修飾している。「沈みつつある」太陽，すなわち「夕日」という意味。

　　　また，シェイクスピアの『マクベス』からの次の一節を引用し，生徒にウンチクをかたむけるのも悪くない。

　b．Life's but **a walking shadow**, a poor player

　　　That struts and frets his hour upon the stage

　　　And then is heard no more.

　　—William Shakespeare (1564-1616), *Macbeth* v.5—

　　　（人生は歩き回る影，あわれな役者，

　　　　舞台の上でばたばたぷりぷり，

　　　　その後はなんの音もなし。（別宮貞徳訳））

　　——ウィリアム・シェイクスピア『マクベス』5幕5場——

　c．spoken English

　　　過去分詞 spoken は名詞である English を「形容詞のように」修飾している。「話される」英語，すなわち「口語英語」

という意味。

(2) 分詞が名詞の後についている場合：

d． Too many people going underground
　　Too many rich and poor piece of cake
　　Too many people pulled and pushed around
　　Too many waiting for that lucky break
　　(地下にもぐって行くたくさんの人たち。
　　たくさんの貧乏人や金持ち。
　　ひっぱられたり，押されたりするたくさんの人。
　　あてもない幸運を待っているたくさんの人たち。)
　　—Paul McCartney, *Too Many People* (1971)—

1，3，4行目は関係代名詞を用いてそれぞれ次のように書き換えることができる。

　Too many people (who are) going underground

　Too many people (who are) pulled and pushed around

　Too many (people) (who are) waiting for that lucky break

さて，実はこれだけでは分詞の限定用法に関する理解と運用については不十分であり，それぞれの分詞がどのような意味で用いられるのかについて考えなければならない。そして，その際に重要な目安となるポイントが「文法エッセンス」の②と③というわけである。例えば，英語で「わくわくするような音楽」と言いたいとき，"exciting music"と言うべきか，それとも"excited music"と言うべきか，迷う生徒は大勢いる。指導として，そのどちらかを判断する上で，まず②の点に注意させてみたい。

excitingもexcitedも，もとの動詞はexciteであり，その動詞の意味は「(人を)興奮させる，わくわくさせる」ということである。そして，次に③の点に注意させる。つまり，もし，

"excited music"であれば，それは受け身的な意味を持ち，「興奮させられた（わくわくさせられた）音楽」という意味になってしまい，何のことかわからなくなってしまう。ここでは，exciteという動詞のもともとの意味をそのまま能動的に生かして「（人を）興奮させる（わくわくさせる）音楽」と言えば，それがすなわち前述の「わくわくするような音楽」という意味であるから，excite を現在分詞（-ing形）で使って，"exciting music" と言うのが正解となるのである。

2 Communication Practice

A．指導のねらい
1．名詞を修飾する分詞の用法について習熟する。
2．自分のクラスメイトを第三者に紹介する文章を書き，発表する。

B．指導の流れ
① 次のプリント（WORKSHEET）を全員に配付し，各自で取り組ませる。

WORKSHEET

Class (　), No. (　), Name：＿＿＿＿＿＿＿＿＿＿＿

（　）の中から適切な方を選んで○で囲み，下線部は自分の状況に照らして書き換えなさい。

1．Saturday is the most (tiring/tired) day of the week for me.

＿＿＿＿＿＿＿＿＿＿＿＿＿＿＿＿＿＿＿＿＿＿＿＿＿

2．I think I had a (surprising/surprised) look on my face when I read the (surprising/surprised) news in today's paper.

---

3. <u>To see a soccer game</u> is one of the most (exciting/excited) things for me.

4. I have <u>a nickname</u> (knowing/known) only by <u>a few of my friends</u>.

5. I want some friends (playing/played) <u>video games with me after school today</u>.

② （ ）内から，どちらの単語が適語として選ばれるのかを，全体で確認する。必要ならば，解説も加える。

解答

1. tiring, 2. surprised/surprising, 3. exciting,
4. known, 5. playing

③ 各自，自分の状況に照らして書き換えられる下線部をすべて書き換える（1.～5.の文の内容がそのまま自分に当てはまる場合には，その番号に○をつける。また，どうしても自分に当てはまる英文が思いつかない場合には×をつけることとする）。その後，ペアを組んで sheet を交換する。

④ 相手の sheet に書かれてある内容を読んで，それに関する質問を英語でできるだけたくさんノートに書く。

(例) Q1. Why is Saturday the most tiring day of the week for you?

　　 Q2. What news do you mean? Why were you surprised at the news?

　　　 … etc.

⑤ 上の④で作った質問を，ペアでお互いにし合い，相手の答えをメモする。
⑥ メモした内容を参考にしながら，相手の人物を第三者に紹介するような文章を英語でレポート用紙に書くように指示する。
(例)

My partner's name is Takeshi. For him, Saturday is the most tiring day of the week, because he is on the school baseball team and usually practices until seven o'clock in the evening every Saturday. I think the baseball practice is very hard and severe. If I were him, I would give up and quit the team. ...

⑦ いくつかのペアを指名して，⑥で書いた相手の紹介文を口頭で発表させる。コメントを加えた後，全員のレポートを回収し，授業後，印刷して冊子にすれば，クラスのメンバーを紹介する文集のようなものにすることができる。

バリエーション活動（基礎）

(1) 上記 worksheet の1.～5.の英文について，下線部を自分の状況に合うように書き換えた後，全員の worksheet を回収する。
(2) 本人の worksheet が手元にこないように注意しながら，回収した worksheet をアトランダムに再配付する。
(3) 生徒を指名し，次の例のように発表させ，自分の手元に配られた worksheet の持ち主を他の生徒たちに当てさせる。
(例) Please guess who she is.
  1．Monday is the most tiring day of the week for her.
  2．She thinks she had a surprised look on her face when she heard she got full marks on the math test.
  3．To play the violin is one of the most exciting things

for her.
　　...
(4) (3)の活動を何回か繰り返す。その際，小グループを作って，いくつ目の文を聞いて当てられたかで，グループごとに得点を競わせる方法も考えられよう。

C．指導上の留意点と評価

　上記⑤の段階において，どれだけ活発にQ＆Aがなされているかが，この活動の大きな評価になるであろう。例えば，Q＆Aで英文としては不備な点があっても，ペアでお互いに英語を通して意思疎通が行われていれば十分であり，あまり多くを期待すると，生徒が萎縮してしまう結果にならないとも限らない。なお，口頭でのQ＆Aの際に，相手の言ったことがよく聞き取れない場合には，必ず"Pardon?"などと言うことを忘れないようにさせたい。また，ノートに書いた英文のQが少々複雑で，相手が耳で聞いただけでは分からないような場合は，そのノートを相手に見せて，自分が書いたQを読んで理解してもらったとしても，いたしかたないであろう。

　⑥のまとめの文章においては，単に事実を述べる文のみで相手のことを客観的に紹介するのではなく，それらの内容を受けて，自分はどう思うのか，あるいは，自分だったらどうなのかという観点で英文をふくらませているかどうかを，評価の項目に入れたい。というのは，そうすることで，生徒の「自己表現」を積極的に促すことになり，そして，その「自己表現」はコミュニケーションを促進するための重要な要素となるからである。

6 関係詞

1 文法エッセンス №15

① ＜先行詞＋関係詞節＞のまとまりを意識し，後置修飾の「しくみ」に慣れることが基本，かつ，重要である。
② 関係代名詞節の中では先行詞は文の主要素（主語（S），目的語（O），補語（C））として機能する。一方，関係副詞節の中では先行詞は副詞の役割を果たす。

解説

情報を積み重ね，文に厚みを増す際に役にたつのが関係詞である。そのため，関係詞を用いると，より凝った，洗練された印象を与えることができる。あるいはまた，「**結束性（cohesion）**」や「**一貫性（coherence）**」のある自然な会話を行ったり文章を構築する際に，関係詞が用いられる場合もある。（結束性（cohesion）とは文法的な形の上でのつながりのこと。しばしば he, she, it, they, this, that などの代名詞が結束性を示す役割を果たす。一方，例えば，次の対話においてAとBは夫婦で，Tom は彼ら夫婦の一人息子（高校生）だとしよう。

A: Where's my book?

B: Tom was in your study a couple of hours ago.

この対話においては結束性はないが，「トムが数時間前にAの書斎にいた。きっと彼がAの本を持って行ったのだ」という含意が

Bの発話にあるということに気づけば全体として意味がつなが
る。このような意味のつながりを一貫性（coherence）という。）
　例えば，次の例を見ていただきたい。
(On the street)

A stranger : Excuse me, could you tell me the way to the Falcon Hotel? I'm lost.

　　Keiko : *You mean the Falcon, which has opened just recently on Apple Street*?

A stranger : Yes, maybe. Anyway, *it's the hotel rich people like to stay at*.

　　Keiko : All right, I know what you mean.

...

ここでは"the Falcon Hotel"のことが話題の中心となってい
る。そして，Keiko の最初のセリフ以降はそのhotelはいわば
「旧情報（old information）」として扱われる。英文を，すでに
わかっている旧情報から始めて，文末の方に「新情報（new
information）」を持ってくるという**「情報の原則（information
principle）」**に照らし合わせると，まさに上記で斜字体で示した
英文が出来上がるはずであり，それぞれには関係詞（関係代名
詞）が含まれている（第2例目は関係詞が省略されている）。言
うまでもなく，「情報の原則」は「結束性」や「一貫性」を作り
だすひとつの重要な規則であり，上記の会話ではその規則が見事
に成立している。そして，その成立に一役買っているのが関係詞
の存在というわけである。

　いずれにせよ，関係詞節はふつう**後置修飾の形容詞節**であり，
名詞の前に形容詞節を持ってくる日本語の発想とは異なる。英文
を頭から順にそのまま理解する「英語の発想」に慣れることが特
に肝要である。言い換えれば，ある名詞を「核」として，その名

詞の後ろに修飾語句をつなげたい。その際，その名詞と修飾語句とをつなぎとめるのが「関係詞」である，という発想を持つことが大切なのであり，これが上記「文法エッセンスNo.15」の①で述べたことである。具体例で見ていこう。例えば，

  a．The long and winding road that leads to your door
    Will never disappear
    I've seen that road before
 —John Lennon and Paul McCartney, *The Long and Winding Road* (1970)—

においては，第1文の road という名詞を「核」にして，その「道」はどのような道なのかということを long や winding や leads to your door が修飾し限定していると考えられる。つまり，long や winding や leads to your door は名詞を修飾する形容詞として同じ働きを持つということになる。ただし，long や winding は名詞の前に着くが，leads to your door は名詞の後ろに付く。そして，road という名詞（＝先行詞）とこのleads to your door という修飾語句とをつなぎとめるのが関係詞（関係代名詞）that であるというわけである。あるいは，

  b．Well there's gonna be a time when I'm gonna change
    your mind
    So you might resign yourself to me

 —John Lennon and Paul McCartney, *I'll Get You* (1963)—

においては，time という名詞（＝先行詞）を「核」にして，その time（時）がどのような「時」であるのかが以下のI'm gonna change your mind で修飾・限定されており，その二つをつなぎとめるのに用いられているのが関係詞（関係副詞）when なのである。（なお，先行詞について補足的に説明するという意図の強い後置修飾の形が，いわゆる関係詞の「**非限定用法**」とか

「継続用法」と呼ばれるものである。)

　さて、関係詞を生徒に教える際にもうひとつ注意しなければならないことがある。それは、関係代名詞と関係副詞とを混同させないことであり、そのためのひとつの目安が上記「文法エッセンス No.15」の②で述べたことである。すなわち、上例 a. においては road という先行詞は関係詞節の中では文の主要素である主語（S）の役目を果たしていると考えられるが、一方、上例 b. においては先行詞 a time は関係詞節の中では *at the time* I'm gonna change your mind と解釈され、副詞（句）として機能している。言い換えれば、a. の文においては、関係代名詞 that より後ろの部分では何が leads するのかという主語を欠いており、完全な文にはなっていない。一方、b. の文においては関係副詞 when より後ろの部分は完全な英文として成立している。このように、関係詞を用いようとするとき、その後に**文の主要素を欠いたまとまり**が続くときには、その関係詞は「関係代名詞」でなければならず、他方、その後に主要素を備えた完全な文が続くときには、その関係詞は「関係副詞」でなければならない、と教えると、関係代名詞と関係副詞を生徒が混同することはなくなるであろう。そして、このことは例えば次のような例文を用いて説明すると生徒は理解しやすいようである。

　　c. I remember the place *which* I visited when I met her for the first time.（先行詞 the place は visited の目的語。I visited when I met her for the first time の部分は文としては不完全である。）

　　d. I remember the place *where* I met her for the first time.（I met her for the first time の部分は完全な文として成立している。）

2 Communication Practice

A．指導のねらい

1．関係詞の2用法（「限定用法」と「非限定用法（継続用法）」）に注意しつつ，＜先行詞＋関係詞節＞という後置修飾を含むまとまりに慣れる。
2．関係代名詞と関係副詞を正しく使い分ける。
3．フォーマットにしたがって，自由に英語で物語を作って楽しむ。

B．指導の流れ

① 生徒に6人組のグループを作らせ，各グループに1枚，B4サイズの白紙を配る。

② 各グループでその紙を6等分に折り畳み，しっかりと折り目をつけた後，紙を広げる。

③ 各グループのメンバーは，ひとりにつきひとつの折り目を使って，順に次のそれぞれの書き出しに続けて下線部を埋め，次々に文を完成させていく。（次のそれぞれの書き出しは板書しておく。また，各グループで自分は「メンバー1～6」のどれに当たるのかをよく確認させておくこと。）

```
──────────── 板書 ────────────
メンバー1：Yesterday I met (    ) _____.
メンバー2：She told me that she lived in a house _____.
メンバー3：She said to me, "The people I live (    ) in
          the house are those _____."
メンバー4：I said to her, "I like people_____."
メンバー5：She said, "I like people _____."
メンバー6：And so we agreed that the day would come
          soon _____.
```

なお，その際，以下のルールを守らせる。
1.「メンバー1」の英文中の（　　）内には，ある特定の人物の名前を入れる。また，「メンバー3」の英文中の（　　）内には，適当な前置詞を入れる。
2.下線部には必ず関係詞を用いることとし，限定用法・非限定用法（継続用法）にも十分気をつけさせる。
3.自分の担当の折り目部分の英文を書き終えたら，その折り目部分を用紙の下に折り込み，次のメンバーにその英文を見せないようにする。
4.グループの人数が6人より少ない場合には，誰かがふたつの英文を担当することとする。
④　各グループの「メンバー6」の生徒に，自分たちのグループが作った物語の文章全体をクラスの前で発表させる。

バリエーション活動

　上記の活動では，生徒は各自自分の担当する「折り目」の部分しか見られないわけであるが，これを自分のひとつ前の文は見てもOKとすることも考えられる。また，折り目はつけず，白紙だけを各グループで何枚か用意し，ひとりあたりの制限時間を設定してその時間内で各自が最低ひとつの関係詞を用いることを条件になるべくたくさん自由に英文を書いていく。やり方はA君が終わればつぎはBさん，Bさんが終わればつぎはC君というふうに各グループ内でリレー方式で行う，という方法も考えられる（なお，その際には，自分のひとつ前の生徒が書いた文章だけは見てもよし，とすると全体として手際よく進み，かつ，最終的に「おもしろい」作品ができる）。

C．指導上の留意点と評価

　実際に，筆者の授業で行ったところ，次のような物語ができあ

がった。

> Yesterday I met Ryoko Hirosue, who enjoyed shopping at *Ohte-dori* in Nagaoka city.
> She told me that she lived in a house, where a lot of people were having big parties every day.
> She said to me, "The people I live with in the house are those who like singing and cooking very much."
> I said to her, "I like people who give me a lot of money."
> She said, "I like people whom you don't like."
> And so we agreed that the day would come soon when we'd get married.

バカバカしい話と言えばそれまでだが，それでも結構生徒は楽しんでやっていたようである。

　この活動をスムーズに行うコツは，各英文について，それぞれの生徒にはあまり深く考えさせずにテキパキと書かせることである。場合によっては，時間制限をする等の手立てが必要であろう。

　上記④では，さらに授業後，各グループの作品を教室に展示して，人気投票をするのもおもしろいであろうし，それぞれの作品について，そのユニークな解釈や解説を募集して英文で書かせてみることもできる。

　ここでは，もちろん関係詞が正しく用いられているかどうかを評価の第一のポイントとする。ただし，英文によっては，必ずしも用いられる関係詞がひとつではないであろうから，その点にも注意が必要である。例えば，「メンバー2」の英文においては，以下の例のように関係代名詞 which も用いることができるわけである。

（例）　She told me that she lived in a house which has five

stories and a big swimming pool.

　また，この活動のさらに発展的なバリエーションとしては，上記の板書で与えたような英文の書き出しもまた，生徒自身に考えさせるということも考えられる。いずれにせよ，どのような文章が出来上がるか最後までわからないところが，この活動の「ミソ」であり，だからこそ生徒が楽しんでやれるのである。

＜Extra Activity＞

　（次の活動は，Penny Ur, 1988, *Grammar Practice Activities*, CUP. pp.268-270を参考に筆者がアレンジしたものである。）

A．指導のねらい

1．関係詞の限定用法に的を絞り，＜先行詞＋関係詞節＞のまとまりを意識しながら後置修飾のしくみに慣れる。
2．関係代名詞と関係副詞を正しく使い分ける。
3．語句の意味を定義し，あるいは説明する英文を書く練習をする。
4．それらの定義文や説明文を読んで，もとの語句を当てられるかどうかのゲームを楽しむ。

B．指導の流れ

［事前の準備］

　次の List をカードにして，それぞれ教室の生徒のペアの数だけ作る。

List 1	List 2	List 3
a policeman	a duck	a book
a parrot	a doctor	Bangladesh
a pen	Denmark	bread
Poland	a door	a bedroom
a post office	December	a baby
a panda	a dream	a bottle
pre-history	a daughter	a bus
a pear	a dollar	a birthday

List 4	List 5	List 6
Australia	Hollywood	spaghetti
an apple	a helicopter	a shoe
August	a hand	Saudi Arabia
an airport	a hotel	a shop
an artist	a holiday	a snake
an African	a hairdresser	the sun
an alligator	history	the summer
acid	a horse	a scientist

① 生徒にペアを組ませ，それぞれのペアに上の List 1 〜 List 6 のカードを 1 枚ずつ配付する。

② 各ペアは配られた 6 枚のカードをよく混ぜ合わせた後，表を伏せた状態で重ねておく。

③ 重ねられたカードの上から各自 1 枚ずつカードを取り，そのカードに書かれてある語句ひとつひとつの定義ないしは説明する文を，以下の例のように必ず関係詞を用いて作り，それらをノートに書かせる。

(例)　a policeman : Someone who directs traffic
　　　a post office : A place where you can buy stamps

　なお，どうしてもその定義や説明文が思いつかない時は，その語句については飛ばしてよいこととする。

④ ペアでお互いにノートを交換し，相手の作った定義文や説明文を読んで，それらはどのような語句を定義し，あるいは説明したものなのかを考えて，その語句を対応する定義文や説明文の脇に書かせる。

⑤ 再びノートを交換し，相手の書いた語句が自分の List に書かれてある語句と一致しているかどうかを確認させる。この時には，もうお互いに自分の List を見せ合って，ペアで答えを話し合わせる。

⑥ 上の⑤で，相手の書いた語句がもとのListの語句と一致した場合「正解」とし，正解ひとつについて2点とする。

⑦ 一回使った List のカードは抜き取ることとし，以下，上の③から⑥の手順を繰り返させる。

⑧ カードを全部使い終わったら，ペアとしてどれくらいの合計得点になったかを集計させ，高得点を獲得したペアについては，優秀ペアとして全員で拍手する。

C．指導上の留意点と評価

　ここでは，生徒がどのような英文を書くのかをいちいちチェックすることはできない。その意味で，この活動は，関係詞についてある程度理解が定着した後で行ったほうがよいかもしれない。いずれにせよ，活動中は，ペアの生徒同士で，お互いの書く英文をよく評価，吟味して，英文として文法的に誤りがあれば，積極的に訂正し合うよう指示すると同時に，教師も机間巡視を行って生徒の質問に答えたり，生徒の書く英文を見て，必要な指導を加

えなければならない。

　また，ペアの相手が，自分の書いた定義文や説明文に対して，もとの List にある語句とは異なった語句を答えとして提示した場合は，やはり，自分の書いた定義文や説明文には
　　1．定義や説明が不十分で，答えがひとつに決まらない。
　　2．定義や説明が抽象的過ぎて，何を言わんとしているのかがわからない。
　　3．定義文や説明文の文中の語句が難しくて，意味がわからない。
　　4．定義文や説明文の文の構造が難しくて，読み取れない。
といったような何らかの問題点があったということなのだと生徒には理解させ，「読み手にきちんと意味が伝わる英文」を書くことの難しさと大切さを実感させたい。

7 比較

1 文法エッセンス No.16

① 何と何とを比べているのかをしっかりと意識することが大切。
② 比較構文の語順は間違えやすい。特に「倍数表現」や「The＋比較級 ～ , the＋比較級…」の表現に要注意。

解説

a. The voice is greater than the eye.
　—Charles Olson (1910 - 70), *Herodotus*—
　(耳（声）は眼よりも偉大である（加島祥造訳））
　——チャールズ・オルスン,『ヘロドトス』——

　文明社会に生きる我々の眼は映像や文字にすっかり占領されてしまっている。しかし，我々の心の奥底にじっくりと染みわたるもの，それは太古の昔より耳を通して伝えられるものであったはずである。今また再び人間は，その大昔のように，眼よりも耳の働きの偉大さを認識すべきときがきた，とオルスンは言うのである。この英文のように比べるものが単純ではっきりしている場合であれば何も問題はないのであるが，生徒はよく次のような英文を書いて平気でいる。

b. *The population of Osaka is larger than Kyoto.
確かに，日本語ではよく「大阪の人口は京都より多い」とは言う

が，よく考えてみれば比べているのは「人口」同士であるから，正しくは，

  c．The population of Osaka is larger than *that* of
   Kyoto.(that＝the population)

となる。また，「ウサギの耳は猫より長い」は，

  d．The ears of a rabbit are longer than *those*（＝the ears)
   of a cat.

である。

このように，**何と何とを比べているのかを把握する**際に，もうひとつ気をつけなければならないことがある。それは「省略」である。

  e．You and I have memories longer than the road that
   stretches out ahead.

—John Lennon and Paul McCartney, *Two of Us* (1969)—

この場合，memoriesの後に which are が省略されていると考えることが可能であり，memories と the road が比べられているのである。また，

  f．It is cheaper to eat at home than in a restaurant.

であれば，than の後に to eat を補って考えればよい。ちなみに，この構文と同じ形をとる名言として Tennyson のものがあるので次に紹介しておく。授業中に紹介して，愛について語るのも悪くないのではないだろうか。

  g．'Tis better to have loved and lost
   Than never to have loved at all.

—Alfred Lord Tennyson (1809-92), *In Memoriam* XXVII—
 (愛して失ったほうがどれほどましか，

  一度も愛したことがないよりは。(別宮貞徳訳))

——アルフレッド・ロード・テニスン

『イン・メモリアム』XXVII——

　しかし，この省略も度が過ぎてしまうと，何と何が比べられているのかがわからなくなってしまう。例えば，比較表現におけるthanは基本的には接続詞であるから，その後には本来＜S＋V＞が続くわけであるが，できるだけ省略してよいものは省略するのが普通であることは生徒もすぐに承知する。しかし，「私はジェーンよりメアリーの方をよく知っている」という日本語を英訳するように指示すると，多くの生徒は次のような英文を書いてしまう。

　　h．I know Mary better than Jane.
しかし，よく考えてみるとこの文は次の2通りに解釈可能であり，その意味であいまいな文であることがわかる。

　　i．I know Mary better than (I know) Jane.
　　（私はジェーンよりメアリーの方をよく知っている）

　　j．I know Mary better than Jane (does [= knows Mary]).
　　（ジェーンより私の方がメアリーをよく知っている）
　　［ジェーンがメアリーを知っている以上に，私はメアリーのことをよく知っている］

　さて，次に，比較構文における第2のポイントとしては，**正しい語順の理解**があげられる。そして，この点について生徒がつまずく代表的なものは次のふたつである。

　(1) k．*He has CD's three times as many as I have.

　　l．*He has three times CD's as many as I have.
いわゆる「倍数表現」の英文である。正しくは次の通り。

　　m．He has three times as many CD's as I have[do].
これについて，なぜ生徒に正しい語順が身につかないかというと，"as～as"の"～"の部分には形容詞や副詞のみならず，

＜形容詞＋名詞＞という「名詞句」（この場合 many CD's）もくることができるということを彼らは知らないという点にある。中学時代に学んだ "Tom is as tall as John." や "Sally is as old as Ann." のような形が頭にこびりついてしまっているのかもしれない。

(2) n ． *The more it is expensive, the more I want it.
　　o ． *The more you get homework, the less you have time to play with your friends.

いわゆる「The ＋比較級～，the ＋比較級…」の英文である。正しくはそれぞれ次の通り。

　　p ． The *more expensive* it is, the *more* I want it.
　　q ． The *more homework* you get, the *less time* you have to play with your friends.

これについては，n.の場合であれば，expensive の比較級は more ではなく more expensive であり，more と expensive の2語は切り離すことはできないということを確認する必要があろう。また，o.の場合であれば，more と less は両方とも形容詞であり，それぞれ何を修飾しているのかを正しく伝える英文にしなければならない，したがって，more homework という2語のまとまりと，less time という2語のまとまりは，それぞれ切り離すことはできないのである。さらにできれば，生徒には次の例文を見せて，moreの用法に注意させたいところである。

　　r ． When I look into your eyes
　　　　Your love is there for me
　　　　And the more I go inside the more
　　　　there is to see
　　（君の瞳をのぞきこむと，そこには僕への愛がある。じっと見つめれば見つめるほど，君の愛がよく見える）

―John Lennon and Paul McCartney, *It's All Too Much* (1968)―

また,「語順」ということとは直接関係はないが,次の3点についても生徒はよくつまずくので,指導の際に注意が必要であろう。

s．That is the tallest building *in* [*of] this city.

t．Taro is taller than any other *boy* [*boys] in our class.
　＝No (other) *boy* [*boys] in our class is as tall as [taller than] Taro.

(ただし,口語ではboysでも可となる場合もある)

u．This is the most wonderful music (that) *I've ever heard*. (*This is the most wonderful music (that) I've never heard.)

(日本語ではよく「これは今まで聞いたこともないような素晴らしい曲だ」と言うが,その「今まで聞いたこともない」という日本語につられて,生徒は I've never heard と書いてしまう。このような生徒には,ビートルズの次の曲 (Buck Owens の1963年のヒット曲のカバーバージョン) を捧げたい。きっと,"This is the most wonderful music I've ever heard!" と叫んでくれるだろう。

v．Well I hope you come to see me in the movies
　　Then I'll know that you will plainly see the biggest fool that's ever hit the big time

(映画の中の僕に会いにきてよ。そうすればきっと君は僕が人気絶頂のかつてないほど一番のお人好しだってことがすぐわかる)

―Vonie Morrison/ Johnny Russell, *Act Naturally* (1963, 1965) ―

2 Communication Practice

A．指導のねらい

1．上記の解説でふれた「比較」の各ポイントについて，それらの習熟を図る。

2．英文を聞き取って，その内容の真偽を判断する。

3．クラスメイトの発表を聞いた後，おもしろいと思った内容を取り上げて，それを基にあるまとまった文章を英語で書く。

4．「雑学クイズ王コンテスト」を楽しむ。

B．指導の流れ

① まず，教師が，上記の解説でふれたそれぞれのポイントを含む次のような英文をたくさん用意して，順に口頭で2度生徒に提示する。

(例) 1．The number of sheep in New Zealand is larger than *that* of people living in the country.

2．China has about *ten times as many people as* Japan has.

3．The Mississippi is the longest river *in* the world.

4．*The more money* your parents earn, *the more school fees* they have to pay.

5．Japan has more TV sets than any other *country* in the world.

6．40.8℃ is the highest temperature that ordinary people in Japan *have ever experienced*.

・・・・・

生徒は1文ごとに，聞き終わったらすぐに，その文の内容が正しいと思えば教科書の表表紙を，誤っていると思えば教科書の裏表紙を教師に示す。正解は1文ごとに確認し，必要とあれば口頭

で述べた英文を板書するなどして再提示し,解説を加える。なお,正解を得た生徒は,1文につき2点獲得することとし,「第1回雑学クイズ王コンテスト」として,得点を競わせる。

〔上記1.～6.の解答〕

1．正しい。

(ニュージーランドの羊の頭数は47,390,000頭(1997年)。一方,人口は3,570,000人(1996年)。)

2．正しい。

(1996年次,中国の人口は12億5986万5千人。一方,日本の人口は1億2586万4千人。)

3．誤り。

(世界最長の川はナイル川で,約6,690km。次はアマゾン川で約6,300km。ミシシッピ川は第3位で,約6,210kmである。)

4．誤り。

(日本の学校(小学校以上)においては,このように親の収入に応じて授業料が変化するということはない。)

5．誤り。

(1995年の調べでは,テレビ台数が一番多い国は中国で,2億5000万台。日本は第3位で8,500万台である。ちなみに第2位はアメリカで2億1500万台。)

6．正しい。

(日本における過去の最高気温は,1933年7月25日に山形で記録した40.8℃である。)

〔以上,『地理統計要覧1999年版』(二宮書店)を参照した。〕

② 次時までに,上の(例)1.～6.にならって,6つのポイントの内いずれかを含んだ文を少なくともひとつ作り,レポート用紙に書いて,次の授業に持ち寄るように指示する。なお,「雑学

クイズ」という趣旨に沿う英文であることが原則であり，生徒は図書館に行って調べる者が多いであろうが，下の例のように，クラスのみんなが知っていると思われる人物などを取り上げて英文を作っても可とする。

(例)　Takeshi has four times as many comic books as I have.

③　次時において，持ち寄った英文を順に教室の前に出てきて口頭で発表し合い，①で行ったのと同じ要領で，今度は「第2回雑学クイズ王コンテスト」を行う。

④　上の②で用意したレポート用紙の裏側を使って，③でのクラスメイトの発表を聞いて一番おもしろい発見だと思ったことをひとつ取り上げて，なぜ，それが一番おもしろいと思ったのかなどについて自由に英作文させる。なお，その際，その発見となった文を発表してくれたクラスメイトの名前と彼（女）が実際に発表した文を，下のような形で必ず最初に触れるように指示する。

(例)　I was most interested in Satoko's statement. She said, "Recently no other country in the world has been attracting more tourists than France." At first, I thought it was false, because I believed that the U.S. attracted the most tourists in the world. But the statement turned out to be true! I like traveling, and maybe I'll visit France in the future. So do I have to learn French as well as English? Well, it may be too tough for me!

C．指導上の留意点と評価

①では，生徒は手持ちの教科書の表表紙と裏表紙のいずれかを教師に示すわけであるが，その際，他の生徒の判断に惑わされることのないように注意して，「イチ，ニ，サンッ」で全員一斉に

教科書の表と裏いずれかを示すようにするか,あるいは,全員目を閉じて行うように指示するか,などの工夫をした方がよいであろう。また,少なくとも（例）にあるような1.〜6.の最初の6つの英文や,生徒の誤答の多かった英文については,聞き取り活動の後,すべて板書等により目に見える形で最終的には提示し,英文の内容に関する解説もさることながら,「比較」に関するそれぞれの文法的なポイントを指摘して確認するという作業も行うべきであろう。

　ところで,①の段階におけるバリエーションとして,（例）で示した英文の中に「解説」で指摘したような誤文をわざと混ぜておいてときどきそれらも口頭で示すこととし,生徒には,もしそのような誤文が聞こえてきたら自分の机を軽く「コツコツ」とノックするようにと指示しておく,ということが考えられる。こうすることで,生徒がポイントとなる文法事項を正しく認識し,理解しているかどうかを評価することができる。もちろん,ノックの反応によっては,再度解説し確認しなければならない英文も出てくるであろう。また,生徒にとっては,内容面と同時に文法面についても聞き取って,その真偽を判断しなければならなくなるため,かなり高度な活動となるであろう。

　②の段階では,生徒はお互いの書く英文を見せ合わないように指示しなければならない。したがって,事前に生徒同士で英文の文法面での正確さについて確認し合う場が持てないわけで,その意味でも,時間さえ許せば,②の段階で生徒の書く英文をひとつひとつ特に文法面に関して教師がチェックしてあげられれば最高であろうが,現場にはそのような「ゆとり」がなかなかとれないというのがまた一方の現実であろう。そのような場合,せめて,③の発表の段階で,もし生徒が発表した英文の中に文法的な誤りがあるようであれば,その場でやんわりと訂正することが必要で

あろう。

　④でのライティングの活動を生徒にスムーズに行わせるためには，③での仲間の発表によく耳を傾けてメモをとっておくように，事前に指示を徹底しておくとよい。もちろん，仲間の生徒のしゃべる英文を1～2回聞いただけで1語1句間違えずに完璧に書き取ることは至難の技であろうから，③の段階では簡単なメモ程度にしておいて，全員の発表が終わってから，メモに基づいて特に興味が引かれた文を発表した仲間の生徒のところに個人的に出向いて行って，彼（女）が実際に述べた文を書き写させてもらい，それを④の活動につなげる，というのが一番実際的であろう。

＜Extra Activity＞

A．指導のねらい

1．"The＋比較級～, the＋比較級…"の構文について理解を深め，その正しい運用に慣れる。

2．上記の構文を用いて，「素早く」かつ「内容のある」英文を書けるようになる。

B．指導の流れ

① 教師が，以下のように，まず前半の"The＋比較級～"を板書で提示する。生徒はそれぞれの前半に続く，後半の"the＋比較級…"の部分を各自考えて，ノートに記入する。（制限時間を設けること。）

―――――― 板書 ――――――

1．The richer you are, ～

2．The handsomer/ The more beautiful you are, ～

3．The older you grow, ～

4. The more time you spend in studying, ~

(例) 1. The richer you are, *the greedier you are.*
2. The more beautiful you are, *the more money you have to spend to keep your beauty.*
... etc.

②生徒は5～6人から成る小グループを作り，①で書いた各自の英文をお互いに見比べながら，1.～4.までの英文をそれぞれ各グループでひとつずつレポート用紙に書く。

③1.～4.の英文の順に，グループごとに発表させる。

④次に，短冊状の用紙を生徒全員に配付し，その短冊を真ん中で2つに折った後，再び開くように指示する。そして，生徒同士ペアを組ませて，各自，構文の前半の"The＋比較級～"の部分を自由に英作文して，短冊の折り目のついた左側の方に書くように指示する。

⑤ペアでお互いに④の短冊を交換し，そこに書かれてある構文前半の"The＋比較級 ～"の内容にうまくつなげる形で，今度は構文の後半の"the＋比較級…"の部分を英作文して，折り目の右側に書くように指示する。

⑥生徒は順に自分の短冊に出来上がった英文の前半の"The＋比較級～"を口頭で全体の前で発表し，それを聞いた生徒は，それに続く後半の"the＋比較級…"を想像して，それをノートに書き，書き終わった者から挙手をする。その後，教師は生徒を何人か指名して発表させる。そして，それらの発表の中に，自分の書いたものと同じかあるいはよく似ているものがあれば，その旨言うように，その短冊を持つ生徒に指示しておく。いずれにせよ，教師に指名された生徒の発表が全部終わったら，最後に，その短冊を持つ生徒に自分の書いたものを全体に発表させる。

⑦ 短冊をすべて回収し，授業後それらを印刷して，次時に配付し，よく読ませた後，どの英文が一番気に入ったかをマークさせて授業後集計し，次時に結果を発表するという「人気投票」形式で最後を締めてもおもしろいだろう。

C．指導上の留意点と評価

①の段階では，構文の前半部の"The＋比較級〜"をいきなり板書する前に，まず，ディクテーションでそれらを導入して，生徒にそれらをノートに書き取らせるという活動を取り入れることもできる。

②では，生徒同士でお互いの書いた英語を評価し合うことになる。内容的なおもしろさについての意見交換が主になるであろうが，加えて，文法的な誤りがないかどうかについても遠慮無く指摘し合えるようになりたい。

③では，各英文の評価が，それぞれその英文を作ったグループの評価となる。一種の「連帯責任制度」であるが，その旨事前に生徒に周知させておくと，②でのグループ活動がより活発になるはずである。

④，⑤では，机間巡視を積極的に行いたい。おうおうにして生徒は言いたいことが先行するあまり，学んだばかりの正しい構文を忘れて，ついでたらめな英文を作ってしまうものである。そのようなことを少しでも減らすべく，目を光らせておくこともときには必要である。

⑥においては，見事，短冊を持つ本人と同じ英文を作って当てた生徒には，何かの「賞」を与えるように準備しておくと，さらに活動は盛り上がるであろう。（私は，子供の「ルーレット・ゲーム」についてくるプラスチック製の丸いチップをこのような場合の「賞」として与えるようにしておき，1週間あるいは1か月

ごとに生徒に各自自分のチップの数を自己申告させ，最終的には各学期の評価にいわゆる「平常点」として組み入れるようにしている。)

　⑦のような，生徒同士による評価は見ているとおもしろい。教師と同じ目で評価していると感じるときもあるし，また，教師の目とはまったく違った見方で評価しているときもある。そのようなときには，教師としてもハッと目を開かれる思いがすることもしばしばである。

8 仮定法と if の用法

　「法（Mood）」とは，話し手や書き手がどのような気持ちを持っているのかを表すものであり，ひとつの「世界」を表すものと考えてよい。英語には大きく3つの世界があり，ひとつは事実をそのまま述べたり尋ねたりする「直説法」の世界，二つめは命令や要求・依頼の気持ちを表す「命令法」の世界，そして三つめは事実をそのまま述べるのではなく，話し手が心の中で考えて仮定していることや願望などを言い表すときの「仮定法」の世界である。

　ここではその三つめの「仮定法」の世界にスポットをあて，「直説法」との違いにも留意しながら，その正しい用法を生徒にマスターさせるための指導について言及したい。

1 直説法と仮定法

1 文法エッセンス No.17

① if 節を用いるからといって常に仮定法であるとは限らない。単なる条件を述べるのであれば直説法を用いる。一方，事実に反する仮定やありそうもないと話し手が思っていることを表す場合は仮定法を用いる。

② unlessを "if ... not" と同義と考えて仮定法で用いることはできない。unless はもともと「唯一の条件」を示し，む

しろ "except if ..." のニュアンスに近い。

解説

　条件を表す直説法と仮定法との違いを生徒に理解させるには，例文で示すのが最も手っ取り早い。The Beatles の歌に，次のように直説法で条件を述べる好例がある。

　　a. If you drive a car, I'll tax the street
　　　 If you try to sit, I'll tax your seat
　　　 If you get too cold, I'll tax the heat
　　　 If you take a walk, I'll tax your feet
　　 — George Harrison, *Taxman* (1966) —

当時，税金をごっそりもっていかれたビートルズはこんな曲を作って「うさ晴らし」をしていたのだろう。歌詞全体を読めば実際にこんなことは起きるはずはないのであるが，しかし，個々のif節の内容はすべて単なる条件を述べているにすぎない。したがって英文としては直説法が用いられることになる。次の例も同様である。

　　b. If there's anything that you want
　　　 If there's anything I can do
　　　 Just call on me and I'll send it along with love from me to you.
　　 — John Lennon and Paul McCartney, *From Me to You* (1963) —

　一方，1998年にアルバム "Analog" でソロデビューしたデンマークの「歌姫」ことソルヴァイ・サンドネス (Solveig Sandnes) は，彼女のファースト・シングル "Marie" の中で次のように歌っている。

　　c. Marie, Marie, Marie

第8章　仮定法と if の用法　137

Such a spacy little girl
　　　What would I do if I didn't have you
　　　Who would you be if not for me
　— Solveig Sandnes, *Marie* (1998) —

　Marie とは Solveig の妹のことであり，現在イタリアで暮らしているそうである。「遠く離れ，暮らしていて，なかなか会えなくて寂しい」思いを曲につづったのだとか。この場合，現実にSolveig には妹である Marie がいるわけであり，その**事実に反する仮定**を表すためには仮定法の形（What *would* I do if I *didn't have* you/Who *would you* be if not for me）を用いる必要があるというわけである。

　さて，直説法と仮定法との混同ということになると，unlessの問題は避けて通れない。unless と "if ... not" とは同義であると誤解して，unless を仮定法で用いてしまう生徒が後を断たないからである。unless はあくまで**直説法の世界**で生きている接続詞であり，例えば，*I would go with you unless I was ill. とは言えず，I would go with you if I were [was] not ill. と言わなければならないということは生徒によく徹底しておきたいところである。また，unless は主節の内容を否定するための「**唯一の条件**」を示すのがもともとの働きであり，したがって，現実に予想できる状態の中で「～しない限り」とか「～でない場合に限り」あるいは「～という条件の場合は除いて」という排他的なニュアンスが強い。つまり，unless というのは "if ... not" に相当するというよりも，むしろ **"except if ..."** に相当すると考えられる。

　　d．Don't come *unless* I tell you to.
　　　（来いと言わない限り来るな）
　　　[＝Don't come *except if* I tell you to.]

したがって，例えば，以前大学入試センター試験でも出題されたが，I'll be surprised if Tom doesn't have an accident. He drives too fast. を unless Tom has an accident を使って言うことはできない。というのは，もしそうすれば「トムが事故にあう場合を除いて驚く」といった不可解なことになるからである。言い換えれば，unless を except if と書き換えた次の英文は，その意味内容から現実的には成り立たない文になってしまうのである。

　　e．*I'll be surprised except if Tom has an accident.

2 Communication Practice

A：指導のねらい

1．仮定法と直説法の違いを認識した上で，それらを正しく使い分けられるようになる。
2．文の内容を自分の状況に合うように必要に応じて書き換えた後，ペアによるコミュニケーション活動を行う。

B：指導の流れ

①次のプリント（WORKSHEET A）を全員に配付し，各自で取り組ませる。

WORKSHEET A

Class（　　），No.（　　），Name：＿＿＿＿＿＿＿＿＿＿＿＿

　次のそれぞれの文にもし文法的な誤りがあれば，正しく書き直して波線の下線部（￣￣￣）の上に書きなさい。誤りがなければ，そのまま波線の下線部の上に書き写しなさい。その後，波線の下線部の英文の内容が，自分の状況と合っていれば（　　）内に○をつけなさい。合っていなければ，（　　）内に×を記入し，その文を自分の状況に合った文に

書き換えて，二重下線部（＿＿＿）の上に書きなさい。

1. Even if the sun rises in the west, I will never quit my club activities.

　　　　　　　　　　　　　　　　　　　　　　（　　）

2. If I am in a teacher's place, I won't give my students any exams.

　　　　　　　　　　　　　　　　　　　　　　（　　）

3. If it rained next Sunday, I would stay at home and watch TV.

　　　　　　　　　　　　　　　　　　　　　　（　　）

4. If I had begun to learn English when I was an elementary school pupil, I could speak English fluently now.

　　　　　　　　　　　　　　　　　　　　　　（　　）

5. If I graduated from this school in the near future, I would get in to an American university.

~~~~~~~~~~~~~~~~~~~~~~~~~　　　　　　（　　）
━━━━━━━━━━━━━━━━━━━━━━━━━━━━━━━━━
━━━━━━━━━━━━━━━━━━━━━━━━━━━━━━━━━
［注：各文の"I"（私）はすべて「あなた自身」と考えて解釈してください。］

なお，手順としては，とりあえず波線の下線部のみを最初に埋めさせて，隣同士で答えを見比べて話し合わせた後，指名を通して正解になる文を確認すること。また，その際，必要に応じて解説も加えることとする。

◆（解答）
1. Even if the sun *rose* [*were to rise*] in the west, I *would* never quit my club activities.
2. If I *were* in a teacher's place, I *wouldn't* give my students any exams.
3. If it *rains* next Sunday, I *will* stay at home and watch TV.
4. そのまま。
5. If I *graduate* from this school in the near future, I *will* get in to an American university.

②5～6人から成る小グループを作らせて，文の番号順に各人が順に自分の書いた二重下線部の文を発表するように指示する。その際，次の2つの活動を行うこととする。
(1)発表者の英文を聞いて，文法的に誤りがあるようであれば訂正してやる。
(2)発表者の英文を聞いて，その内容に関する質問をひとつ考えて尋ねる。
③各自1.～5.の二重下線部の英文の内ひとつを選び（1.～5.の全

ての（　）内に○が入った場合は，その5つの文の内のひとつを選び），上記②の(2)で行った質疑応答を参考にしながら，その選んだ文の内容をさらに文章にふくらませて，プリント"WORKSHEET A"の裏側の上半分のスペースを使ってまとめるように指示する。

(例)2．If I were in a teacher's place, I would abolish all the school rules and regulations.

> I don't like the school rules and regulations. For example, my teacher often says to me, "Have your hair cut!" I ask why. Then he says, "Because your hair is too long. That's against the school rule." This is nonsense. My hair is mine. It belongs to me. Nobody except me can have my hair cut. . . .

④グループ内で"WORKSHEET A"をお互いに交換して，そのプリントの裏側上半分に書かれてある③の文章を読んだ後，それに対するコメントを英文にまとめて，プリント下半分のスペースを使って書くように指示する。書き終わったら，プリントを持ち主に返し，持ち主は返されたらそこに書かれてあるコメントをよく読むように指示する。

⑤全員のプリントを回収し，授業後ざっと目を通して気になる点については，次時にコメントする。プリントは，ファイルに綴じて教室に置き，休み時間等に生徒に自由に閲覧させる。

C：指導上の留意点と評価

"WORKSHEET A"の二重下線部を埋める英文の許容度は，このままではかなり大きい。例えば，1.の文においては，次の例のようにif節の内容をそのままにして，主節の内容を変えるの

か，

　　Even if the sun rose in the west, I would never break a promise.

あるいは，次の例のように "club activities" ということを話題の中心として生かして文を書き換えるか，

　　If our club had a better coach, we could win a lot more games.

そのいずれも考えられるし，いっそ仮定法を使わないでも英文を書くことは可能である。生徒の実情に応じて，このような「自由な」部分を多く保つか，あるいは，次のような制限をひとつないしは複数組み合わせて生徒に課すかを決定すればよいであろう。

(ア) 「仮定法」を用いること。

(イ) if 節をそのまま生かすこと。

(ウ) 主節をそのまま生かすこと。

(エ) キーワードとなる語句（例えば，1.であれば "club activities"）を生かすこと。

[注：(イ)と(ウ)は当然いずれかを選ぶことになる。]

　さて，このようにして出来上がった英文の文法チェックは②の(1)で生徒同士で行うことになる。教師は机間巡視をして必要な助けを施すと同時に，お互いに遠慮なく誤りを指摘し合うように生徒を励ましたい。(2)も含め，この②の段階においては，生徒がどれだけ積極的にグループ内での活動運営に寄与しているかが評価の観点である。各グループの「盛り上がり」に期待したい。なお，この段階で活動の所要時間を短縮したければ，1.～5.の英文について，それぞれ発表する人数を適当に制限すればよい。もちろん，その際，ある特定の生徒のみが繰り返し発表することのないようにしなければならない。

　③では，これを宿題にして家庭で辞書等を引きながら書かせる

ことも考えられるが，できればその場で辞書等はなるべく使わせないようにして「実力で」書かせてみて，どれだけ書けるかを見てみたい。書く内容をふくらませる観点としては，次のようなものが考えられる。

1．なぜ自分はそのように思ったのか。
2．もし，実際にそのようになったらどうするか，あるいは，何が起きるか。
3．グループの他のメンバーから出された質問に答える形でまとめる。

④においては，プリントが持ち主に返された後，日本語ででもよいので自然とグループ内でさらに意見交換が口頭でなされるようであれば，活動として大成功である。

⑤では，もし生徒のプライバシー保護という必要性があるようであれば，worksheet の組，番号，名前欄は空欄にして，その代わり，各自好きなペンネームを作ってそれを書くようにしてもよかろう。もちろん，そうなれば，④でもコメントを書いた生徒は自分の実名ではなく，やはりペンネームを使って書くことになるであろう。

<Extra Activity>

A: 指導のねらい

Matching の活動や，"unless" を含む文に新たな文をつなげる英作文を行うことで，"unless" の用法に習熟する。

B: 指導の流れ

①生徒全員に次のカードを1枚ずつ配付する。

(生徒用カード〔主節〕)

> 1．The sports day will be held tomorrow.
> 2．You won't pass the exam.
> 3．You won't understand how nice he is.
> 4．She won't forgive him.
> 5．Mr. Yamada doesn't allow them to ask him questions.
> 6．They feel sleepy.

②次のような指示を与える。

「まず，先生がこれから読み上げる従属節を各自ノートに書き取りなさい。次に，それらの従属節につながる主節の部分を手元のカードから選んで，それらをそれぞれ適する従属節につなげて書きなさい。」

(教師用カード〔従属節〕)

> ア．Unless you talk with Tom,
> イ．Unless it rains,
> ウ．Unless Jason apologizes to Jane,
> エ．Unless you study much harder,
> オ．Unless the students really don't understand,

充分時間をとって，生徒が各自ノートに答えを書き留めるのを確認した後，周りの生徒と答えを見比べさせる。その後，指名を通して，正解を確認する。その際，必要に応じて解説を加える。

◆（解答）

ア－3：Unless you talk with Tom, you won't understand how nice he is.

イ－1：Unless it rains, the sports day will be held tomorrow.

ウ — 4 : Unless Jason apologizes to Jane, she won't forgive him.
　エ — 2 : Unless you study much harder, you won't pass the exam.
　オ — 5 : Unless the students really don't understand, Mr. Yamada doesn't allow them to ask him questions.
③次のような指示を与える。

　「上の②でできあがった各文に，"So ..."で始まる文を続けるとしたら，どのような文が考えられますか。その文を，各自ノートに書きなさい。例えば，最初の"ア — 3"の場合なら，次のような文が考えられるでしょう。
(例)ア — 3 Unless you talk with Tom, you won't understand how nice he is. <u>So just be brave and talk with him, and you can make friends with him quite easily.</u>」

④小グループを作らせて，その中でお互いに③で作った文を見比べさせ，どの文が一番適当と思われるかを，グループとしてそれぞれ5つの文について決定し，レポート用紙にまとめるように指示する。

⑤各グループの代表者から④の結果を発表してもらう。必要とあれば，発表された英文を板書して解説やコメントを加える。

⑥各グループのレポート用紙を回収し，授業後点検をして，次時に返却する。なお，返却の際には，必要なコメントを加えることとする。

C：指導上の留意点と評価

　②においては，ディクテーションの活動が入る。そのやり方については様々あろうし，また，生徒の実状に応じても異なってくるであろうが，この程度の英文であれば，2回くらい繰り返せば

よいのではないだろうか。したがって，評価としては，まずこれらの英文をナチュラル・スピードで2度読み上げて，どれくらい生徒が書き取れたかを見てみたい。もし書き取れない生徒が大半であれば，もう一度繰り返し読み上げてもよいであろうし，また，生徒同士で答えを相談させてもよいであろう。いずれにせよ，この段階が不完全に終わってしまうと，次の主節を結びつける活動へとスムーズにつながらなくなってしまうので，最終的にはこのディクテーションの正解はきちんと板書等をして，確認しておかなくてはならない。

②では，次に，書き取った従属節と主節とを正しく結びつける作業があるわけであるが，ここでは文の意味の読み取りができ，また，文の論理構成を正しく認識できるかが問われている。したがって，ここでつまずくとしたら，その内のいずれか，あるいは両方が不十分であることが想像できる。このような評価に基づいて，実際の授業における指導では，必要に応じて日本語訳を与える等の工夫が考えられよう。

③は，unless で始まる各文の意味を正しく理解していないとできない活動である。その意味で，so で始まる文の中で前文とのつながりのよくわからないようなものがあるとしたら，まずその前文である unless の文の意味が正確に把握されているかどうかを疑ってみる必要があるかもしれない。なお，ここでは，so で始まる文をひとつつなげて，何とかまとまりのある文章を作ってもらいたいわけであるが，それでは書きにくいと感じる生徒が大勢いるような場合は，あえて「1文」とせず，so で始まる文の後にさらにいくつかの英文をつなげても可，としてもよいであろう。

④では，生徒同士でお互いの書いた英文を評価し合うことになる。文法的な誤りをお互いに指摘し合うと同時に，unless で始

まる文の文意を最も的確につかんで書かれてあるものはどれか，という観点で話し合いがなされるはずである。

⑥については，別の活動の際にも述べたが，できれば各グループのレポートにひとことコメントを書いたり，必要な添削を施したりした後返却すると，生徒の励みになり，また，その後の学習効果の上でもプラスの影響が期待できる。これは，筆者のみならず，多くの現場の教師たちが日頃実感するところであろう。ぜひ，継続して実行していただきたい。

2 注意すべき仮定法の用法

1 文法エッセンス No.18

仮定法においては，if 節の中の動詞がとる形がある意味では「中核」となる。生徒には特に次の2点に注意させたい。
① if 節には未来を表す will, would は使えない。
② I wish や as if [though] の後に続く形は，仮定法の if 節がとる形と同じである。

解説

仮定法はその名の通り，ある事柄を仮定して述べる表現である。したがって，「もし～なら」と仮定する典型的な言い回しである if 節が，仮定法を考える際には重要となってくる。とりわけ，仮定法における**if節中の動詞の形**に注意を向ける必要がある。というのは，例えば，「もし私がお金持ちだったら，世界一周旅行をするのだが」という日本文を英語で言うように指示されると，次のような誤文を作りだしてしまう生徒が非常に多いからである。

a．*If I would be rich, I would travel around the world.
もちろん正解は If I were [was] rich, 〜であるが，このような誤文が生まれる背景には，仮定法におけるif節中の動詞の形にまだ習熟しておらず，**仮定法ときたら即，助動詞の過去形というような思い込みが強すぎる**ということがあるのかもしれない。

　また，if 節中の動詞の形と主節の動詞の形との「整合性」にも生徒の意識を向かわせたい。具体的には，例えば，

　b．*If I left earlier, I could have caught the first train.
などという英文を作りだすことなく，きちんと

　c．If I *left* earlier, I *could catch* the first train.
もしくは，

　d．If I *had left* earlier, I *could have caught* the first train.
と書かせる指導をしたい。そして，次のような if 節は仮定法過去完了だが主節は仮定法過去を用いるという英文にも慣れさせたい。

　　e．If my husband *had not died* five years ago, he *would be* sixty years old now.

　　f．If I *had taken* her advice, I *might be* successful now.
　次は wish についてである。wish とくればその後には仮定法がくる，と覚えている生徒は多い。しかし，その仮定法とは具体的にどのような形なのか，if 節の方の形なのか主節の方の形なのか，というところで誤解している生徒もまた多い。ここはやはり一言「**if 節のとる形と同じものがくる**」と指摘してやる必要があろう。そして，その上で次のような例文をいくつか挙げて説明するとよいと思う。

　　g．Homeward bound.
　　　I wish I was homeward bound.
　　　Home where my thought's escaping,

> Home where my music's playing,
> Home where my love lies waiting
> Silently for me.

― Paul Simon, *Homeward Bound* (1965) ―

　homeward bound とは旅行の「帰り, 帰路」という意味。孤独な旅まわりの歌手が愛しい人が待つ遙かなるふるさとに思いを寄せて歌う曲である。I wish ～のフレーズが切々と心に染み入る仕上がりとなっている。

　この wish の場合と同様に, as if [though] 節中にも仮定法における if 節のとる形と同じものがくる。言い換えれば, as if [though] 節中には次のように＜助動詞の過去＋have＋過去分詞＞の形がくることはない。

　　h．*She talks as if she could have done everything.

正しくは次の3通りが考えられる。

　　i．She talks as if she *did* everything.

　　j．She talks as if she *could do* everything.

　　k．She talks as if she *had done* everything.

また, 話し手や書き手が as if [though] 節の内容に**確実性がある**と考えている場合には, その節中には仮定法ではなく直説法が用いられるということも生徒には意外と知られていないので, 指導上要注意であろう。

　　l．It seems as if *we've gotten* lost.

　　　(＝Probably we've gotten lost.)

　　m．Sachiko looks as if she *is* ill.

　　　(＝Apparently she is ill.)

2 Communication Practice

A: 指導のねらい

1. 仮定法での動詞の形を正しく認識して，実際に用いることができる。
2. wish 以下に仮定法が続く場合の用法に慣れる。
3. as if [though] の正しい用法を，それに続く動詞の形に注意しながら学ぶ。
4. ペアで会話文を創作し練習した後，発表することで，学習事項の定着を図る。

B: 指導の流れ

①次のプリント（WORKSHEET B）を全員に配付し，各自で取り組ませる。

WORKSHEET B

Class (　), No. (　), Name：＿＿＿＿＿＿＿＿＿＿

例にならって，自分が次のそれぞれの状況にいると仮定して下線部を埋め，文を完成しなさい。

(例) You don't understand Ms. White because she doesn't speak very clearly.

　You say　：If Ms. White spoke clearly, I would understand her.

1. You can't go to a movie tomorrow because you have to do your homework.

　You say　：If I ＿＿＿＿＿＿＿＿＿＿＿＿＿＿＿＿，
　　　　　　　I ＿＿＿＿＿＿＿＿＿＿＿＿＿＿＿＿．

2. You were able to buy the brand-new bicycle because you worked part-time.

　You say　：If I ＿＿＿＿＿＿＿＿＿＿＿＿＿＿＿＿，

          I wouldn't _____.
3. You're hungry now because you didn't have breakfast.
   You say ：If I _____,
            I _____.
4. You live in Tokyo and you hate it.
   You say ：I wish I _____.
5. You didn't study math a lot, and you've failed your math test.
   You say ：I wish I _____.
6. You don't think she knows you, but she smiled at you.
   You say ：Why did she smile at me as if _____?
7. He often talks about foreign countries, and it's easy to believe that he has been to many foreign countires. But actually he has never been abroad yet.
   You say ：He often talks as if _____.
8. You've got up late in the morning, so probably you'll be late for school.
   You say ：It seems as if _____.

②周りの生徒同士で答えを見比べさせた後，指名を通して答えを確認する。また，その際，必要に応じて解説を加える。

◆（解答例）
1. If I <u>didn't have to do my homework</u>, I <u>could ［would be able to］go to a movie tomorrow</u>.
2. If I <u>hadn't worked part-time</u>, I wouldn't <u>have been able to buy the brand-new bicycle</u>.

152

3. If I <u>had had breakfast</u>, I <u>wouldn't be hungry now</u>.
4. I wish I <u>didn't live in Tokyo</u>.
5. I wish I <u>had studied math more</u>.
6. Why did she smile at me as if <u>she knew me</u>?
7. He often talks as if <u>he had been to many foreign countries</u>.
8. It seems as if <u>I'll be late for school</u>.

③ペアを組んで，上記1.～8.の解答となる英文の内のひとつを選び，その文を含んだ会話文を自由に創作するように指示する。(会話文の長さは10行前後を目安とする。)

(例) (1.の文を取り上げた場合)

   Ted : Jiro, you look very busy. What's happening?

   Jiro : Oh, Ted, I've got a lot of homework to do. Besides, I've got to finish all of it in only a few days!

   Ted : Oh, that's a pity. Is there anything I can do for you?

   Jiro : Thank you for saying so, Ted, but I'll do it myself. <u>If I didn't have to do my homework, I could go to a movie tomorrow.</u>

   Ted : Well, it can't be helped. Take it easy, Jiro.

なお，選んだ英文には下線を引くように指示し，創作した会話文は各自レポート用紙に記入させる。

④会話文を作り上げたペアから，実際に会話練習をするように指示する。

⑤ある程度会話練習をさせた後，数組のペアを指名して全体の前で発表させる。必要ならば，その都度コメントを加える。

⑥創作した会話文の書かれたレポート用紙を，各ペアについて1枚提出させ，授業後点検する。優秀作品があればそれらをいくつか印刷して次時に配付し，コメントする。また，WORK-

SHEET についても回収し，点検した後，返却する。

バリエーション活動（基礎）

上記③の段階で，会話文を創作させるのが困難だと判断されるようであれば，次のような指示も考えられる。

(1) 会話文はあらかじめ教師が準備しておく。ただし，下線部を空欄としておき，ペアで考えて埋めさせる。それでも難しければ，if 節の部分は与えておく，あるいは，いくつか選択肢を用意しておいて最も適切なものを選ばせて埋めさせる，などの方策も考えられよう。

(2) ペアになり，お互いに英文の内のひとつを選んで口頭で相手に告げる。告げられた相手はその英文に関して質問をひとつ考えて投げかける。投げかけられた生徒はその質問に対して答える。

(例1) **A:** I wish I didn't live in Tokyo.

　　　B: Why?

　　　A: Because there is no nature in Tokyo.

(例2) **A:** He often talks as if he had been to many foreign countries.

　　　B: Who are you talking about?

　　　A: I'm talking about Mr. Takahashi.

C: 指導上の留意点と評価

①の "WORKSHEET B" の設問に対する答えとして，複数考えられるものもいくつかあろう。例えば，8.については，

　It seems as if I'll be scolded by my teacher again.

などという答えも考えられる。したがって，指名を通して正解を確認する際，ひとつの正解が出された後，必ず「これ以外の答えを書いた者は挙手するように」という指示をして，複数解答の有

無を確認するようにしたい。その意味で，②ではある程度柔軟な目で生徒の英文を評価する態度が必要となるだろう。

　③では，この活動でのターゲットとなる構文を含む英文を，実際に生徒に使わせてみることがねらいである。自然な文脈の中でターゲットとなる英文が用いられているかに気をつけて見てみたい。また，④や⑤での会話練習や発表の際には，文意をおさえた，表情のある発話になっているかどうかを評価したい。

　⑥では，特に，ペアで創作した会話文については赤ペンで何らかのコメントや添削をしてやると，後でそれを読む生徒の励みになるであろう。もっとも，このことは一般的に全ての生徒の提出物について言えることではあるが，ここで強調したいのは，ペアや小グループで作った作品については，教師が丹念に見てやり返却すると，その後再びペアやグループで活動を振り返ることになり，学習効果が大きいと思われる，ということなのである。

　また，⑥で選ばれた優秀作品を書いたペアについては，実際に発表してもらい，さらに，その後全員でその会話文の練習をしてみてもよいかもしれない。

9 呼　応

1 文法エッセンス №19

「意味の重点」がどこに置かれているのかを考えると呼応の問題は解決する。

解説

「呼応」つまり「数と人称の一致」については，ひとつの着眼点として，「**意味の重点**」がどこに置かれているのかを考えさせるとよい。例えば，＜not only A but (also) B＞は「Aだけでなく B も」ということであり，意味の重点はBにあることがわかる。したがって，動詞の数・人称はBに一致させることになる。

　　a．**Not only** Taro **but (also)** I *am* going to study abroad.

また，この文は，

　　b．I **as well as** Taro *am* going to study abroad.

と書き換えることができる。つまり，＜not only A but (also) B＞＝＜B as well as A＞であり，どちらの表現を使うにせよ，意味の重点のあるBに，動詞の数・人称を合わせることになるのである。

さらに，

　　c．**The number of** students *has* been decreasing at this school.

　　d．**One of** the students *has* to attend the meeting.

という文においても，動詞は number や one に呼応しており，それらはそれぞれの文中において，主語として最も意味の重点が置かれている部分であることに注目したい。

また，＜A or B＞については，それが主語に据えられた場合，複数に扱われることはない。なぜなら，or は「二者択一」を表すわけであり，A，Bそれぞれの個別性に意味の重点があるからである。そして，意味の重点はAとBの両方に均等にあると考えられるので，そのような場合は**述語動詞に近い方**の主語に人称を合わせることになる。

 e． You **or** I *am* responsible for it.

 f． *Are* you **or** I responsible for it?

同じことが，＜either A or B＞や＜neither A nor B＞といった表現にもあてはまる。以下の例文を参照されたい。

 g． **Either** Tom **or** I *am* wrong.

 h． **Neither** Tom **nor** I *am* wrong.

ただし，これらの場合，くだけた口語英語では，しばしば複数動詞で呼応することもある。

さて，そのほかにも，生徒の注意を喚起すべく指摘しておきたい例文がいくつかあるので，それらを以下に挙げておこう。

 i． **Both** you **and** I *are* guilty.

 j． **Most of** the books *are* interesting.

 cf. Only a part of an iceberg shows above water; **most of** it *is* under water. (*GENIUS* より)

　　　［most を主語に用いた場合，動詞は of の後の名詞に一致させる。］

 k． What *is* needed *is*［*are*］computers.

 = What *are* needed *are* computers.

 ＊What are needed is computers. は不可。

2 Communication Practice

A：指導のねらい

1．呼応について特に注意すべきポイントに焦点を当て，それらに習熟する。
2．上記のポイントを実際に使って自己表現活動を行ったり，仲間同士でのコミュニケーション活動を楽しむ。

B：指導の流れ

Stage A

① 次のプリント（WORKSHEET）を全員に配付し，各自で取り組ませる。

WORKSHEET

Class (　　), No. (　　), Name：＿＿＿＿＿＿＿＿＿＿＿＿＿

次の（　）内から適切な方を選んで○をつけなさい。

1．London or New York (is/are) the city I want to visit most in the future.
2．Not only Hiroshi but you (have/has) to go to the teachers' room.
　= You as well as Hiroshi (have/has) to go to the teachers' room.
3．The number of books (is/are) increasing in the library.
4．Most of the students in our class (like/likes) to study English.

---

②周りの仲間同士で答えを見比べさせた後，指名を通して答えを確認する。その際，必要に応じて解説を加える。

◆（解答）

1．is,　　2．(順に) have, have,　　3．is,　　4．like

<u>Stage B</u>

③10人ずつくらいから成るグループを生徒に作らせる。

④上記"WORKSHEET"の4．の英文を利用して，次のように板書し，下線を引く。

―――――― 板書 ――――――
Most of the students in our group <u>like to study English</u>.

⑤各自，自分のグループのメンバーを考えて当てはまりそうな内容を予想して上記の下線部を自由に書き換える。

(例)・Most of the students in our group want to have less homework.
　　・Most of the students in our group are told to come home earlier by their parents.

⑥自分の予想した文が当たっているかどうかを，お互いに質問しあいながら確かめる。

(例)例えば，各メンバーに"Do you want to have less homework?"と尋ね，"Yes, I do."の答えが多く得られたら，自分の予想が当たったことになる。

⑦グループ内で結果を話し合ってまとめる。

(例) Our group report:
1. Most of the students in our group want to have less homework. (9 out of 10 students said yes.)
2. Most of the students in our group are not told to come home earlier by their parents. (7 out of 10 students said no.)
　…

⑧各グループの代表から⑦のまとめを発表してもらう。その際，

必要なコメントを加えたり，できるだけ内容について他の生徒も交えながら意見交換をしたりしながら，発表の内容を深めていきたい。

⑨⑦のまとめを記したノートあるいはレポート用紙を回収し，授業後点検し，これは！と思うものについては印刷し，次時に配布，解説する。

C：指導上の留意点と評価

"Stage A"においては，問題数が不足と思われればさらに類題を作って加えればよいであろう。②では，なぜそのような正解となるのかについても，生徒を指名して尋ねてみるとよい。その説明がもしシドロモドロであれば，やはり再度十分な確認の解説が必要となるであろう。

"Stage B"は，＜Most of＋複数名詞＞の主語が複数動詞と呼応するということの練習を促す言語活動である。⑤あたりで行きづまっている生徒がいるとしたら，日頃英語をあまり書き慣れていない証拠である。場合によっては，周りの生徒と相談することも可として，お互いに協力させてもよいであろう。また，⑥で思うように"Yes"の答えが得られない場合でも，とりあえず全員に答えてもらうまで続けて⑦の2.の例のようにまとめることとし，時間が許せば再度，より"Yes"という答えが多く得られそうな質問を考えて，最初から尋ねていってもよいであろう。

10 話　法

1 文法エッセンス №20

> いわゆる話法の書き換えについては規則にとらわれすぎないように注意させる。要は，相手に伝えたい内容を理解して，自分の言葉で伝えるのが「間接話法」ということである。

解説

シカゴ生まれの名ギタリスト Steve Goodman の *Death of a Salesman* という曲は話法を考えるときの好例を示してくれている。この曲は，ある好色のセールスマンの喜劇的な死を歌ったものである。

ある町でその晩の宿を探していたセールスマンが，町の入口のガソリンスタンドである農家を紹介してもらう。そこには「好きもの」の娘がいると聞いていそいそと彼はその農家へやって来る。案の定その若い娘は彼を自分の部屋にとめてやると言う。喜んで寝室への階段を昇ろうとするが，その途中に娘からハンマーで殴られて殺されてしまう。翌日，この男の車のナンバープレートは新しいものと取り替えられ，あのガソリンスタンドで売りに出されている。どうやら，あのガソリンスタンドのおやじとこの娘は父娘でグルになって好色な男どもをだまして殺し，その車でもうけているらしい。旅から旅へのセールスマン諸君よ，旅の恥

はがきすてであまり助平心を発揮すると,とんでもないことになるかもしれませんよ,というのがこの歌の「教訓」である。

  a．Now the door opened up and a beautiful girl says, "Won't you come on in?" That traveling salesman's tongue was hanging out like Rin Tin Tin. "That old gas station attendant said I would find you here. And do you have a suitable room you could rent to me, my dear?"

―Steve Goodman, Steve Burgh, Jeff Gutcheon, Jim Rothermel, Lew London, Saul Brody & Ken Kosek, *Death of a Salesman* (1976) ―

(注：the attendant: ガソリンスタンドのおやじ
 Rin Tin Tin: かつてテレビや映画の主人公として人気を博したシェパード犬の名前。犬のように舌を出していたというのは,ものほしげな様子だったということ。)

ここで注目すべきはもちろん話法の用法であり,上記の"That old gas station attendant said I would find you here." の部分を見ると,実際の場面で話法がどのように使われるかがよくわかる。

話法の問題の多くは実は「**時制の一致**」の問題であり,実際の日常の言語使用の場面を考えると,伝達内容が重文であったり(下の例文b．)伝達内容に種類の違う2文が含まれる場合(下の例文c．)など,複雑な構文が用いられることはまずほとんどない。

  b．He said (that) Jane was ill in bed *and that* he couldn't go out that day.
  c．She *told* me (that) she had been absent from the

meeting *and asked* me if [whether] I had attended it.

　また，機械的な話法の転換規則にとらわれることなく，伝えたい内容を自分の言葉で伝えるという態度が重要である。例えば，She said, "I read this book before." という直接話法の英文は，その本がもし自分の目の前にあるのなら，this は機械的に that に変わるようなことはなく，this をそのまま使って She said (that) she had read this book before. となる。また，Yesterday Mary said, "I will be here again tomorrow morning." は，もし同じ場所で伝えているのなら Yesterday Mary said (that) she would be here again this morning. となる。「公式」通りに here が there になるようなことはなく，tomorrow が (the) next day とか the following day になることもない。

2 Communication Practice

A：指導のねらい

1．話法の転換について，単に機械的なドリル形式ではなく，実際のコミュニケーションの中で習熟する。
2．「伝言ゲーム」を楽しむ。

B：指導の流れ

①生徒を5～6人から成るグループに分け，各グループ内で1.～5.（ないしは6.）の番号を各生徒にふっておく。

②まず各グループの1.の生徒と教師（ＡＬＴならなお良い）が廊下に出て，教師は次のような英文を口頭で1.の生徒に告げる。

(例) I want to travel in Hokkaido.

③1.の生徒はその英文を聞き取った後，教室に入って自分のグループのところへ行き，次のように仲間に告げる。

(例) Mr. Brown said that he wanted to travel in Hokkaido.

④告げられた生徒はその英文を各自でノートに書き留める。
⑤2.以降の生徒に対しても同様の手順で，この「伝言ゲーム」を行う。
⑥最後に全員で正解を確認する。その中で，次のように教師と生徒とで問答をしながらコミュニケーションを深められればさらに良いだろう。

(例) **Teacher (ALT: Mr. Brown):** Yoshiko, what is your answer to No.1?

Yoshiko: Mr. Brown said that he wanted to travel in Hokkaido.

Teacher: That's right. So why do I want to travel in Hokkaido? Can you guess, Hiroshi?

Hiroshi: Well, maybe your girlfriend will be expecting you to come there.

Teacher: ...

C：指導上の留意点と評価

生徒を廊下に出すのは，教師の言葉が他の生徒に聞かれないようにするためである。そうすることで，他の生徒は廊下に行った生徒が戻ってきて告げる文に注意深く耳を傾けるようになる。

②で教師が告げる英文にはさまざまなものが考えられよう。例えば，Put your hands on your head. のような命令文を与え，まず廊下に出たその生徒にその通りの指示にしたがってジェスチャーをしてもらい，その後教室内に戻って Mr. Brown told me to put my hands on my head. と仲間の生徒に報告する，ということも考えられる。以下，参考までに②の段階で生徒に与える英文の例を下に挙げておく。

・My father is ill in bed.

- My sister is going to get married next month.
- I haven't been back to the U.S. for a long time.
- I'll eat out tonight.
- Did you sleep well last night?
- Where do you live?
- What will you do after school today?
- Clap your hands ten times.
- Jump and cry out, "Good morning!"
- Put your left hand on your right shoulder.

11 品　詞

　各品詞についてはポイントは多岐にわたり,「文法」ということよりむしろ個々の「語法」といったことに関わる内容が多くなる。したがって,ここでは各品詞に関する解説は控え,主な品詞について英語コミュニケーション上,特に重要と思われるようなエッセンスの習得をねらいとしたコミュニケーション活動を紹介するにとどめたい。

1　名　詞

A：指導のねらい
1．英語の可算名詞と不可算名詞の用法に慣れる。
2．お互いに英語でインタビューを行い,その結果をまとめて書いた後,発表する。

B：指導の流れ
①生徒に次のプリントを配付する。

WORKSHEET

Class (　　), No. (　　), Name：＿＿＿＿＿＿＿＿＿＿＿

Find someone who ...

1．likes (a tea/tea) better than (a coffee/coffee).

NAME(S):[   ], [   ],[   ]
Other answers and Information:

2. has walked in (a heavy rain/heavy rain) without an umbrella.
    NAME(S):[   ], [   ], [   ]
    Other answers and Information:

3. can give you some (advices/advice) about how to study math.
    NAME(S):[   ], [   ], [   ]
    Other answers and Information:

4. can tell you more than three titles of Shakespeare's (works/work) in English.
    NAME(S):[   ], [   ], [   ]
    Titles:

5. has (a good news/a piece of good news).
    NAME(S):[   ], [   ], [   ]

What is it?

② "Find someone who ..." に続く5つの文中の（　）内から適当な方を選んで○で囲むように指示する。

［注］生徒は最初は自分ひとりで考えて答える。その後，ペアを組んでお互いに答えを見比べる。

◆ （解答）
1. Find someone who likes tea better than coffee.
2. Find someone who has walked in a heavy rain without an umbrella.
3. Find someone who can give you some advice about how to study math.
4. Find someone who can tell you more than three titles of Shakespeare's works in English.
5. Find someone who has a piece of good news.

③ 生徒を指名しながら，全員で答えをチェックする。その際，必要ならば，語句の解説等も加える。

④ "Find someone who ..." Game について次のように生徒に指示する。

「さて，今，君たちの手元にある "WORKSHEET" には5つの英文が出来上がりました。それぞれの英文の指示に従って，該当する人を実際に捜してみましょう。例えば，1.の英文については，

"Do you like tea better than coffee?"

と相手に尋ねて，その人が "Yes" と答えれば，その人の名前を

"NAME(S)"の欄に記入します。また，相手が"No"という返事であれば，他の人を捜して同じ質問をします。ただし，"Yes"とも"No"とも答えられない場合は，自分なりの答えを述べてもかまいません。例えば，次のような会話が成り立つわけです。

 Taro：Do you like tea better than coffee?
 Yuko：Well, I like both of them.

この場合，太郎君は自分の"WORKSHEET"の"Other answers and Information"の欄に，

 Yuko likes both of them.

と記入します。

"NAME(S)"の欄には各英文について3つずつ，計15個の括弧がありますが，制限時間内にどれだけたくさんの括弧が埋められたか，括弧ひとつについて1点として競争してみましょう。ただし，同じ名前を複数の括弧に書いてはいけませんし，"Other answers and Information"については，ひとつの答えや情報について1点とします。4.の英文では必ずtitleを記入するように，また，5.では，具体的にどのようなnewsなのかを尋ねて，その答えをメモするようにしなさい。」

［注］1.～5.について，それぞれ生徒は具体的にどのような英文で相手に質問したらよいのか，その例を以下に示す。

1. Do you like tea better than coffee?
2. Have you (ever) walked in a heavy rain without an umbrella?
3. Can you give me some advice about how to study math?
4. Can you tell me more than three titles of Shakespeare's works in English?
5. Do you have a piece of good news?

⑤ 最高得点者は誰か，次点は誰かを確認する。(名前を紹介した後は，全員で拍手。) その後，次のような質問や指示を生徒に投げかけて，コミュニケーションを図る。

・What kind of other answers and information did you get?
・Tell me the titles of Shakespeare's works.
・What is the good news you've heard?

⑥ この "Find someone who ..." Game を通して行ったインタビューの内容を，各自出来上がった自分の "WORKSHEET" を参考に，レポート用紙に英文でまとめるように指示する (宿題としてもよい)。

(例)

　　Hiroshi likes tea better than coffee. Hitomi does not like either of them because she cannot sleep if she drinks tea or coffee.

　　Last month Jiro walked in a heavy rain without an umbrella when he went home from school. So, he caught a cold and was absent from the Sports Day.

　　...

⑦ 何人かの生徒を指名し，⑥でまとめたものを口頭で発表してもらう。その後，全員のレポート用紙を回収し，目を通した後，必要なコメントを加える (これは次時の授業になるであろう)。最後に，全員のレポート用紙をファイルして教室に置き，生徒に自由に閲覧させても良いだろう。

C：指導上の留意点と評価

上記「指導の流れ」の②で，正しい語句を選べなかった生徒は，もう一度英語の可算名詞と不可算名詞の用法について復習する必要がある。いずれも基本的なものであり，「なぜそのような

答えになるのか」といった理屈もよく理解しておかなければならない。

　さて，"Find someone who..." Game であるが，少々複雑な活動のように思われるかもしれないが，基本的な流れはよく知られたものであり，上述のように例を十分に出しながら説明すれば生徒は意外と動いてくれるものである。この活動の評価としては，次のような観点にもとづいて行うことが考えられる。

◆自分から相手を見つけて，積極的に会話をしているかどうか。

◆単に"NAME(S)"の欄を埋めることだけにとらわれず，最初の質問を手掛かりにしながら，さらに会話をふくらませる努力をしているかどうか。例えば，下の例のような会話がなされていれば，申し分ないであろう。

(例)

　A: Have you walked in a heavy rain without an umbrella?
　B: Yes, I have.
　A: When did you do so?
　B: Last month. I did so when I went home from school, because I didn't have any umbrellas with me then.
　A: What happened to you after that? Didn't you catch a cold?

　　...

◆必要なメモを十分にとっているかどうか。（これは，上記⑥の段階で行う英作文をスムーズに行うために必要なことである。）

◆要領良く，制限時間内で最後まで全部ひととおり終わらせているかどうか。

　また，この活動をもとに，上記⑥でまとめの英文レポートが課せられるわけであるが，ここでも，可算名詞と不可算名詞の用法が正しく守られているかどうかを生徒の書く英文をよく読んでチ

ェックする。同時に，内容的な「おもしろさ」や新しい「発見」が書かれているかどうかなども重視して，それらを生徒とシェアしながら，生徒の「書く意欲」を高めるように指導したい。

2 代 名 詞

1 活動1（不定代名詞 one について）

A．指導のねらい

1．不定代名詞 one の用法に慣れる。
2．対話文を創作し，発表する。

B．指導の流れ

① ペアを作り，次の例にならって，下のそれぞれのキーワードに関連した内容を持つ2人の対話文を作ってレポート用紙に書くように指示する。

(例) pet

　A: I have a dog as a pet.
　B: I have one, too.

　1．morning
　2．friend
　3．lunch

② ペアをいくつか指名して，①で作った対話文を発表させ，コメントを加える。

③ 各ペアとも，①で作った3つの対話（1.～3.）の中からひとつ選んで，その対話をさらに続けて，話をふくらませるように指示する（レポート用紙に書かせる）。

④ ペアをいくつか指名して，③で作った対話文を発表させ，コ

メントを加える。
⑤ レポート用紙を回収し，目を通した後，おもしろいものや全体で読んでみたいものをピックアップして印刷し，次時に配付してコメントを加えても良い。

C．指導上の留意点と評価

　上記①の段階では，十分に机間巡視をして対話文の出来具合をチェックすると同時に，必要な支援を与える。②では，まさに不定代名詞 one がきちんと理解されているかどうかを評価する場面である。例えばここで，生徒の中には it や that を使うべきところに one を用いてしまっている例もあるかもしれない。その場合は，学習を深める良いチャンスと考え，ていねいに解説を加えたい。③では生徒の自由な発想を大切に生かせればと思う。したがって，④では本来は教師からの指名ではなく，生徒からの自主的な挙手によって発表がなされるのが理想である。多少文法的な誤りがここであったとしても大目に見てやり，その代わり，積極性や発表能力，あるいは，対話文の内容のおもしろさ等に注目し，大いに激励し，褒めるべきところは十分に褒めてあげたいところである。⑤は，②と同様に，one の理解が十分かどうかを再び確認する場である。必要とあれば，誤用例を次時にいくつか紹介して，復習につなげることもできる。

② 活動2（each other について）

A．指導のねらい
1．each other の用法に慣れる。
2．インタビューの結果を，自分なりに英文にまとめて書く。

B．指導の流れ
① 生徒に下のプリントを配付する。

> **WORKSHEET**
>
> Class (　), No. (　), Name：＿＿＿＿＿＿＿＿＿＿
>
> 　戦争や環境破壊のない，平和で住み良い地球を創るために，私達はお互いに何をしなければならないと思いますか。次の文型と each other を使って下線部を埋め，できるだけ多くの提案を例のように英語で書いてみましょう。
>
> 　We must/have to ＿＿＿＿＿＿＿＿＿＿＿＿＿＿＿．
>
> （例）We must <u>understand each other's countries</u>.
> 　　　We must <u>make friends with each other</u>.

② プリントの指示に従って，最初は個人で取り組ませる。その後，小グループを作って，各自自分の作った文を紹介し合いながら話し合わせる。最終的には，各グループで，平和で住み良い地球を創るために特に重要と思われる項目を3つにしぼり，それにも順位をつけて，代表者に板書させる。

③ 板書された文を見ながら，必要なコメントを行い，最後に，クラスとして最も重要と思われる項目を3つ決定する。

C．指導上の留意点と評価

　まずは，each other を文法的に正しく使って，どれだけたくさん文を作れるかが評価の対象となる。机間巡視を行ってチェックしたり，活動終了後 WORKSHEET を回収して点検したりする作業が求められよう。

　②の段階で行われる生徒同士の話し合いでは，生徒がお互いに相手の書いた文を評価するわけであるが，その際の具体的な観点は，以下の2つである。

1．each other を正しく使っているか。
2．妥当な提案かどうか。

1.の観点については，生徒同士では迷う点もあるかもしれない。そのような場合には挙手をさせ，適切な助けを与える。また，2.については，遠慮なくお互いに意見交換をするように促したいものである。

③では，each other の使い方に誤りがないかどうかを確認し，内容の面では，多数決で3つを選ぶことになろう。ちなみに，筆者が実際に授業で行ったところ，生徒が選んだのは次の3つであった。

   No.1 We have to be fair and equal to each other.
   No.2 We must try to appreciate each other's religion.
   No.3 We must not argue with each other.

③ 活動3（any/either と否定語の位置について）

A．指導のねらい

1．any/either を否定語（not）との位置関係に注意して，正しく使うことができるようにする。

2．one, both, any, either, neither の用法に慣れる。

B．指導の流れ

Stage A

① 生徒にペアを組ませ，一方の生徒に下の Card A，もう一方の生徒に Card B を配る。（この時，相手のカードを見ないように指示する。）

② 次の会話フォーマットに従ってペアで会話し，お互いに相手のカードにはどのような人物が描かれているのかを予想する。（以下は，板書もしくはプリントで提示する。）

A : Do any of the people/men/women on your card
  ＿＿＿＿＿＿＿＿＿＿＿＿＿＿＿＿？

Card A:

Hiroshi　Jack　Mary　Yuko

Card B:

Taro　Ted　Jane　Keiko

［下線部の例］

- wear glasses/a beard/a skirt ... etc.
- have long hair/a beard
- hold a cigarette between his/her lips

B：Yes, one of them does.

Yes, two/three/four of them do.

No, none of them does.

③ 上の会話を通して分かった相手のカードの各人物の特徴を，各自以下のように英文で箇条書きにして，ノートにまとめる。

(例) On your card

1. three of them wear glasses.
2. two of them wear caps.

3. none of them wears a skirt.

　... etc.

④ ③のノートをお互いに交換して，そこに書かれた英文が，正しく自分のカードの人物の特徴を表しているかどうかをチェックし，その後，お互いにカードを見せ合い，話し合う。

<u>Stage B</u>

⑤ ペアで机を合わせ，その上に Card A と Card B を並べて置く。

(以下，ペアの生徒Aに対する指示と，生徒Bに対する指示を個々にまとめる。)

<u>生徒Aに対する指示</u>：

　「さて，これからあなたのパートナーが目の前の8人の人物の中から，友人になりたい人物を2人心の中で選びます。あなたは，次のように必ず either を含んだ質問文を相手にいくつか尋ね，その答えから類推して，ズバリその2名を当ててみてください。

(例) Does either of them wear glasses?

　　　Does either of them wear a cap?

　　　... etc.」

<u>生徒Bに対する指示</u>：

　「さて，今，あなたの目の前に8人の人物がいますね。その中からあなたが友人になりたいと思う人物を心の中で2人選んでください。パートナーにその名前を言わないように。これから，あなたのパートナーがいろいろ質問をして，あなたが選んだその2人とはだれかを当てようとします。次の例にならって，それらの質問に正直に答えなさい。

(例) Yes, one of them wears glasses.

　　　Yes, both of them wear glasses.

No, neither of them wears glasses.」

⑥ 各ペアで，上記の役割を今度は交代して，同じ要領でもう一度行うように指示する。

⑦ both, either, neither を自由に用いて，自分が選んだ友人2人をだれかに当てさせるクイズになる文章を，レポート用紙に書いて提出させる。(宿題としてもよい。)

(例)1. One of them wears a cap.
　　 2. One of them wears a necklace.
　　 3. Both of them have long hair.
　　 4. Neither of them wears glasses.

(答え：Jack & Jane)

⑧ ⑦のレポートを点検し，優秀作品については印刷して，次時に生徒全員に配付する。

C．指導上の留意点と評価

"Stage A" では，"Do any of the people 〜?" の問いに対して，必ず何人かの生徒は，思わず "*No, any of them does not 〜." というふうに，any と not の位置関係を誤って答えてしまうはずである。そうではなくて，正しくは "No, none of them 〜." と言わなくてはならないのだ，ということを彼らにはきちんと指導しなくてはならないだろう。

同様に，"Stage B" では，"Does either of them 〜?" という問いに対して，"*No, either of them does not 〜." というふうに，either と not の位置関係をやはり誤って答えてしまう生徒も多くいるものと思われる。ここでも，正しくは，"No, neither of them 〜." と言わなければならないということを指導する必要がある。

以上のように，この活動においては，生徒が any と either を，

特にそれらと否定語 not との位置関係を誤ることなく，正しく使うことができるかどうかが，まずは最大の評価のポイントである。次に，例えば，上記⑦において，答えがひとつに決まるように，論理的に正しく both, either, neither が用いられているかどうかなどが評価のポイントとなろう。

(reference: Adrian Doff, et al., 1983, *Meanings into Words INTERMEDIATE*, CUP.: Unit 17, pp. 121-123.)

3 冠　　詞

A．指導のねらい
1．基本的な冠詞の用法に慣れ，正しく使う練習を行う。
2．自分の健康管理について考えてみる。

B．指導の流れ
① 次のプリント（WORKSHEET A）を全員に配付し，取り組ませる。

WORKSHEET A

Class (　　), No. (　　), Name：＿＿＿＿＿＿＿＿＿＿＿

宏君は高校１年生。自分の健康管理にとても気をつかう少年です。以下は，彼の日頃の生活を述べた文章です。（　）の中に，必要ならば a, an, the のうち最適なものを入れ，必要がないならば空欄のままにしなさい。

Hiroshi is (ア．　) student in (イ．　) high school in town. He is always concerned about his health. He wants to live to be (ウ．　) hundred, so (エ．　) health is very important to him.

He gets up at five o'clock in (オ.　) morning and runs for (カ.　) hour in (キ.　) park, even if (ク.　) weather is bad. For (ケ.　) breakfast he eats (コ.　) raw egg with (サ.　) vinegar.

He goes to (シ.　) school by (ス.　) bicycle. It takes about (セ.　) hour to get there, but he never uses (ソ.　) bus or (タ.　) train.

He often sleeps in (チ.　) class because he wants as much rest as possible.

He takes his lunch to (ツ.　) school with him. He eats one carrot and one onion. He is sure that (テ.　) lunch which (ト.　) firm provides isn't good for him.

In (ナ.　) evening he sometimes listens to (ニ.　) radio, but he never watches television because it might damage his eyesight. He goes to (ヌ.　) bed early every day.

At (ネ.　) weekend he goes camping in (ノ.　) country, but he never sits in (ハ.　) sun. On (ヒ.　) first day of every month he goes to see (フ.　) doctor, just to make sure that he isn't ill. After all, he doesn't want to find himself in (ヘ.　) hospital.

② 全員が一応終了した頃を見計らって，今度は，隣同士でお互いに答えを見比べさせ，話し合わせる。
③ 解答をチェックし，必要ならば解説を加える。
◆ (解答)

ア．a, イ．a, ウ．a, エ．冠詞なし, オ．the, カ．an, キ．the, ク．the, ケ．冠詞なし, コ．a, サ．冠詞なし, シ．冠詞なし, ス．冠詞なし, セ．an, ソ．the, タ．the, チ．冠詞なし, ツ．冠詞なし, テ．the, ト．the, ナ．the, ニ．the, ヌ．冠詞なし, ネ．the, ノ．the, ハ．the, ヒ．the, フ．the, ヘ．冠詞なし

④ 次のプリント（WORKSHEET B）を全員に配付し，取り組ませる。

WORKSHEET B

Class (　　), No. (　　), Name：＿＿＿＿＿＿＿＿＿＿

　武志君は宏君と同じ学校の同級生。彼は自分の健康管理に全く気を配りません。次の絵は，彼の典型的な休日の過ごし方を描いたものです。与えられた語句を使い，冠詞 a, an, the に注意しながら，例にならって，それぞれの絵を説明する文を書きなさい。

(例)1.

stay/bed/ten o'clock/morning

He stays in bed until ten o'clock in the morning.

2.

breakfast/doughnuts/coffee/a lot of/sugar

_____
_____

3.

morning/news/television/coke/potato chips

_____
_____

4.

afternoon/listen/rock music/ice cream

_____
_____

5.

evening/game/friend/video game arcade

_____
_____

6.

never/bed/three o'clock/morning

_____
_____

7.

take/exercise/in his holidays/once/year

_____
_____

⑤　各自が自分なりの答えを書き終えたころを見計らって，今度は，隣同士で答えを見比べ，話し合ってみるように指示する。

⑥　解答例を確認し，必要ならば解説を加える。

◆（解答例）［斜字体の箇所は，「冠詞」という観点で重要と思われるところである。］

2．For *breakfast* he eats doughnuts and drinks *coffee* with a lot of *sugar*.

3．In *the* morning he watches *the* news on *television*, drinking coke and eating potato chips.

第11章　品詞　　183

4. In *the* afternoon he listens to *rock music*, eating ice cream.
5. In *the* evening he plays *games* with his friends in *a* video game arcade.
6. He never goes to *bed* until three o'clock in *the* morning.
7. He takes *exercise* in his holidays once *a year*.

⑦ 例にならい，下の語句を用いて，"Do you have a healthy lifestyle?" というタイトルでアンケートを生徒に作らせる。
(質問項目は各自のノートに記入させ，数は少なくとも10個とする。)

for breakfast/lunch	how many ... a day/week?
to/at school	in the morning/afternoon
in a gym/field	to/in bed
by bicycle/bus/train	on the weekend
watch television	on foot
in summer/winter	take exercise

(例) What do you have *for breakfast*?
　　How do you go *to school*?
　　What do you do during noon recess *at school*?
　　... etc.

⑧ 上で作ったアンケートの書かれたノートを隣同士で交換させ，それぞれの質問項目に対する答えを相手のノートに書かせる。

⑨ 答えを書き終えたら，再びノートを交換させ，自分の作ったアンケートに対する相手の答えをよく読んで，はたしてその相手は健康的な生活を送っていると言えるかどうかを次の4段階で判定させる。

　　A : Excellent

B : Good

C : Fair

D : Failure

その後，ふたりでその判定を紹介し合い，なぜそのような判定を下したかの理由を述べながら話し合う。

⑩ 余力があれば，クラスを大きくふたつに割って，ひとつを Team A，もう片方を Team B とし，Team A は，

"Fitness and good health are the most important things in life."

という立場をとらせ，Team B には，

"Fun and enjoyment are the most important things in life."

という立場をとらせて，お互いに議論させてもよい。具体的には，例えば，最初に何分か時間を与えて，自分の立場を主張する文を作ってメモさせておき，その後，両方の立場から交互にいくつかの主張を発表させる。それが終わったら，再び何分か時間を与えて，発表された意見に反論するための文を考え，ノートにメモさせて，その後，また同じように意見交換させ，必要に応じてこれを何回か繰り返す，等の手順が考えられよう。下に，意見の一例を挙げておく。

(例) **Team A:** You can't enjoy life if you aren't fit.

　　　Team B: For most people getting fit and keeping fit is hard work. Fun is not only keeping fit. Doing lazy things is also enjoyable.

C．指導上の留意点と評価

上の「指導の流れ」は大きく4つの活動から成り立っている。

ひとつ目は，WORKSHEET A を使った活動であり，ここで

は健康に必要以上に気を配る宏君の例を紹介しながら，定冠詞 the と不定冠詞 a, an の使い方の違いを文法的な知識として身につけているかどうかを測ることができる。

ふたつ目は，WORKSHEET B を使った活動であり，ここでは，反対に健康管理には全く無関心な武志君の例を紹介しながら，定冠詞 the と不定冠詞 a, an について，単にそれらの文法的な知識が身についているかどうかだけでなく，実際にそれらを作文の中で運用できるかどうかを測ることができる。

3つ目の活動では，上記の宏君と武志君の例を受けて，今度は生徒が自分自身で日頃の健康管理について考えてみる機会が与えられている。スキル的には，一種の制限英作文の形をとっており，冠詞に注意しながらも，かなり広がりのある自己表現活動となりうる。したがって，必要以上に型にはまった英文を期待することなく，特に冠詞についての誤り以外に大きな間違いがなければ，それで良しとする態度と評価が求められるであろう。

最後の4つ目の活動は，いわゆるディベート形式のコミュニケーション活動である。ここでは，life, health, fitness, work 等の単語は，それらが一般的に語られるときには，通例，無冠詞で用いられるということに注意させ，また，実際の活動中は，その点がひとつの評価の観点となろうが，基本的にはこの活動も上の3つ目の活動と同じく，自己表現を最大限に促す活動であるので，その意味で，生徒のいわば「揚げ足を取る」ような評価だけは慎まなければならない。

(Reference: Jennifer Seidl, 1994, *Grammar Four*, OUP.)

4 形容詞

1 活動1（形容詞の語順について）

A．指導のねらい
1．いくつかの形容詞がひとつの名詞を修飾する場合の，正しい語順に慣れる。
2．指示形容詞と所有格の（代）名詞がひとつの名詞を修飾する場合（例：this car of Mary's）の語順に慣れる。

B．指導の流れ
① （事前の準備）次の各文を，教室の生徒の縦の列の数だけ印刷し，それぞれを文ごとに短冊状に切り離して，同じ文をクリップ等でとじて，まとめておく。（例えば生徒の列が7列ある教室の授業であれば，次の文が印刷された短冊が，それぞれの文について7枚用意されるわけである。）

1．Mrs. Suzuki has two pretty little babies.

2．Mr. Kondo bought a beautiful brand-new German car.

3．My friend uses an ugly large round Japanese table.

4．This book of my father's was very interesting.

② 教室の各列の生徒の人数を均等にそろえる。
③ 各列の先頭の生徒に上の1.～4.の4枚の短冊を与え，まず1.の文を暗記させる。
④ 暗記が終わった生徒から，その覚えた文を同じ列の2番目の生徒に口頭で伝える。（伝えている間は短冊を見てはいけない。）

⑤ 以下,「伝言ゲーム」の要領で, 2番目の生徒は3番目, 3番目の生徒は4番目…というふうに順番に口頭で文を告げて, 後ろの生徒に文を伝えていく。(後ろの生徒に文を伝えているときは, 前の生徒に確認の聞き返しをしてはいけない。)
⑥ 列の最後の生徒は, 聞き取った英文をノートに書き留める。
⑦ 上の④で, 1.の文を2番目の生徒に伝え終わった先頭の生徒から順番に, 今度は2.の文を暗記して, その後, ④～⑥の作業を行う。
⑧ 以下, 3.と4.の文についても同じ要領で繰り返す。
⑨ 最後に, 教師が1.～4.の文を板書して正解を告げ, 各列で書き取った文をそれぞれ生徒が自己採点する。

C．指導上の留意点と評価

ここでは, お馴染みの「伝言ゲーム」を応用した活動を設定した。上で記した「指導のねらい」を, ゲーム感覚で達成できる良い方法であると考えたからであり, また, 形容詞の語順に関する語感を, 楽しみながら養うことができるとも思われるからである。

さて, 評価であるが, これは「伝言ゲーム」であるから, 当然そのスピードと正確さを競うことになる。具体的には, 例えば, 次のように点数化して競争させるとおもしろい。

ア．「スピード」について：

一番早く全ての作業を終えた列には40点を与え, 以下, 2番目に早く終えた列には35点, 3番目には30点…というふうに減点していく。(教室が7列の場合を想定すると, 一番終了が遅かった列は10点となる。)

イ．「正確さ」について：

1.～4.の文それぞれを15点満点として, 単語の脱落, もとの文

にはない単語の使用，語順のとり違え，それぞれについてマイナス2点として換算することとし，上の⑨の段階で生徒がそれぞれ周りの仲間と相談しながら自己採点する。

そして，ア．とイ．の合計点をその列の得点とすれば，1番早く終了して，なおかつ誤りがひとつもなければ，その列は100点満点を獲得することになる。

2 活動2（形容詞の限定用法と叙述用法について）

A．指導のねらい

1. 限定用法と叙述用法のいずれか一方でしか用いられない形容詞について知り，その使い方に慣れる。
2. 限定用法と叙述用法とで意味の異なる形容詞について知り，その使い方に慣れる。
3. 短い物語を読んで，その続きを自分なりに想像して，書く。

B．指導の流れ

① 生徒に次のプリントを配付する。

WORKSHEET

Class (　　), No. (　　), Name：＿＿＿＿＿＿＿＿＿＿

1．次の｛　｝の中から正しい方を選んで○で囲みなさい。

2．その結果できあがった物語をよく読んで，この後どのように話が展開するか想像して，続きを書きなさい。

I was $\left\{\begin{array}{l}\text{an alone}\\ \text{a lonely}\end{array}\right\}$ child, because I was $\left\{\begin{array}{l}\text{only}\\ \text{an only son}\end{array}\right\}$ for my parents. I believed so until recently. But it was not true! One day my parents said to me, "John, you have a brother. He is $\left\{\begin{array}{l}\text{elder}\\\text{older}\end{array}\right\}$. It is $\left\{\begin{array}{l}\text{certain}\\\text{a certain belief}\end{array}\right\}$ that he is still $\left\{\begin{array}{l}\text{live}\\\text{alive}\end{array}\right\}$." A few days later I received a letter from the brother. $\left\{\begin{array}{l}\text{His present address was}\\\text{His address was present}\end{array}\right\}$ on it. I knew it was his $\left\{\begin{array}{l}\text{conscious}\\\text{aware}\end{array}\right\}$ signal for meeting face to face. So the next day I visited his address. I tapped on his door, and a man showed up. Yes, he had $\left\{\begin{array}{l}\text{a similar}\\\text{an alike}\end{array}\right\}$ appearance to me.

② 上の WORKSHEET の指示に従ってタスクに取り組ませる。

③ 小グループを作らせて，先ずは，{ 　 }内のどちらを選んだか答えを見せ合って，話し合わせる。その後，教師が正解を告げ，必要ならば解説を加える。

(解答)(順に) a lonely, an only son, older, certain, alive, His present address was, conscious, a similar

④ 同じグループ内で，今度は，各自どのように物語を続けたか，お互いに自分の文章を読み合って，紹介し合う。その後，最

も優れていると思われる作品をグループでひとつ選び，さらに，その作品をより良くするための話し合いを行い，その結果出来上がったものを，そのグループの作品とする。

⑤　各グループの作品を全体で紹介し合い，人気投票を挙手によって行う。

C．指導上の留意点と評価

WORKSHEET の1.のタスクは，形容詞の限定用法と叙述用法についての問題である。生徒が多く間違えるような箇所については，ていねいな解説が必要である。

2.のタスクについては，かなり時間がかかる場合が考えられるので，家庭での宿題とすることもできる。いずれにせよ，分量はあまり気にせず，もし下線部の5行では足りない場合は，用紙の裏側を使っても良いこととする。多少文法的な誤りがあっても，内容がそれなりに伝わっていれば可として，適度な長さとまとまりをもった作品を高く評価したい。次は，筆者が実際に授業で行った時，生徒の人気が高かった作品のひとつである。（文法の誤り等は訂正してある。）

　　　　His name was David. He let me into his house and told me the story about us. He said that my parents were not my real parents. They were my foster parents, and David's parents were my real parents. According to him, as soon as I was born, my real mother died. At that time my father's company was almost bankrupt and he could not afford to raise his two small babies. So against his will he decided to ask the priest of his church to take care of me. Fortunately, the parents who wanted to have a baby appeared before the priest. He let them have me and they have brought me up until today. I was quite shocked to hear that! But now I know the truth. I have a lot of things to do now. What will I do first? Yes, of course, I do have to meet my real father!

　④と⑤の段階では，生徒同士がお互いの作品を評価し合うわけであるが，口頭のみでお互いの作品を紹介し合うだけでは不十分であれば，ＯＨＰ等を使って文字で示すこともできよう。いずれにせよ，評価する作品の具体的にどこが良いのか，あるいは，逆にどこがもの足りないのかをお互いに指摘し合うことも，活動の中に自然と含んでいきたいものである。

　また，生徒の個々の作品については，それらを回収して目を通した後，ファイルで綴じて教室に配置し，生徒が自由に閲覧できるようにすることもできよう。

5 副　　詞

1 活動1（比較級を強める副詞について）

Ａ．指導のねらい
1．比較級を強める副詞 much の用法に慣れる。
2．"many＋more＋複数名詞" の用法に慣れる。
3．地理の「雑学クイズ」を楽しむ。

Ｂ．指導の流れ
①　生徒にペアを組ませ，一方の生徒をＡとし，他方の生徒をＢとする。Ａの生徒に下の Sheet A を，Ｂの生徒に Sheet B を配付する。(その際，相手の Sheet を見ないように指示する。)

Sheet A:

> 1. The population of Seoul is (many/much) larger than that of New York City.
> 2. English is spoken by (many/much) more people in the world than Chinese.
> 3. Japan has (many/much) more television sets than the U.S.
> 4. The U.S. produces (many/much) more oil than Iran.

Sheet B:

> 1. Japan publishes (many/much) more newspapers than Britain.
> 2. New Zealand has (many/much) more sheep than people living in the country.
> 3. Rice in Japan is (many/much) more expensive than that in the U.S.
> 4. All the nuclear power plants in the world produce (many/much) more electricity than all the hydroelectric power plants on earth.
>
> 注：*a nuclear power plant* (原子力発電所)
> 　　*a hydroelectric power plant* (水力発電所)

② 生徒は自分の sheet の英文を読んで，(　) 内の many か much のうち，文法的に正しいほうを選んで○で囲む。

③ AとBそれぞれの生徒同士で解答を見合わせて，話し合わせる。

④ 教師は，many が選ばれるか，much が選ばれるかという解答のみを生徒に告げ，英文全体を読み上げたり，解説したりはこ

こではしない。生徒は各自，誤りがあれば自分の答えを訂正する。

⑤ 下の Sheet C を全員に配付する。

Sheet C:

Class (　　), No. (　　), Name：_____

相手の Sheet は Sheet A・B（○で囲む）

1．T/F，　2．T/F，　3．T/F，　4．T/F

Sheet A:
1. _____
2. _____
3. _____
4. _____

Sheet B:
1. _____
2. _____
3. _____
4. _____

---

⑥ 生徒Aは各自自分の Sheet の英文を相手の生徒Bに読み上げる。生徒Bはそれぞれの文を聞いて，内容的に正しいことを述べた文だと思ったら，自分の Sheet C の1.～4.の対応する文の番号のTに○をつける。内容的に誤っている文だと思われる場合は，Fに○をつける。すべて終えたら，今度は役割を変えて，生徒Bが自分の Sheet B の英文を読み上げ，生徒Aは各文の真偽を判断して，上述と同様に行う。

⑦ 教師は，それぞれの文の T, F の正解を告げ，解説を行う。その際，必要に応じて，(　　) 内の many, much の選択に関する文法的説明も併せて行う。

◆ ［解答と解説］

Sheet A:

1．Ans. (much), T

　ソウルの人口は10,231,000人（1995年）で世界第1位。一方，ニューヨークの人口は7,333,000人（1994年）。

2．Ans. (many), F

　1997年の統計によると，英語は世界で約497,000,000人の人々によって話されている（世界第2位）。一方，中国語は約1,025,000,000人であり（世界第1位），英語を話す人間の数より圧倒的に多い。

3．Ans. (many), F

　1995年の統計では，日本のテレビ保有台数は85,000,000台で世界第3位。一方，アメリカは215,000,000台で世界第2位。（ちなみに世界第1位は中国で，250,000,000台）

4．Ans. (much), T

　1995年の統計では，原油の産出量は，アメリカは330,830,000トンで世界第2位。一方，イランは179,390,000トンで世界第4位である。

Sheet B:

1．Ans. (many), T

　1995年の統計によると，日刊新聞の年間発行部数の世界1位は日本で，72,050,000部。一方，イギリスは世界第6位で，20,000,000部である。

2．Ans. (many), T

　1997年の統計によると，ニュージーランドの羊の頭数は，47,390,000頭。一方，国の人口は3,570,000人程度（1996年）である。

3．Ans. (much), T

1995年の統計によると、米1kgあたり、日本では約5.47ドルであるのに対し、アメリカでは約1.18ドルである。
4．Ans. (much), F
　　1995年の統計では、世界の原子力の発電量は22,678億kWh。一方、世界の水力の発電量は25,325億kWhであり、水力の方が原子力よりも多い。

(参考資料:『地理統計要覧1999年版』二宮書店)

⑧　各自、Sheet C の下線部に、それぞれ次の文法的にも内容的にも正しい文を書くように指示し、その後、全員で各文を音読させる。

Sheet A:

1．The population of Seoul is much larger than that of New York City.
2．Chinese is spoken by many more people in the world than English.
3．The U.S. has many more television sets than Japan.
4．The U.S. produces much more oil than Iran.

Sheet B:

1．Japan publishes many more newspapers than Britain.
2．New Zealand has many more sheep than people living in the country.
3．Rice in Japan is much more expensive than that in the U.S.
4．All the hydroelectric power plants on earth produce much more electricity than all the nuclear power plants in the world.

⑨　Sheet C を回収し、授業後点検して、次時に返却する。

C．指導上の留意点と評価

これは，いわば，世界の地理「雑学」クイズである。楽しみながら知識を増やし，かつ，比較級を強める副詞の用法にも慣れてもらいたいというねらいである。

さて，上記④において，教師が英文を読み上げたり，many, much について解説を加えたりしないのは，その後の⑥の活動を考えてのことである。

⑥においては，相手の言った文の内容を正しく理解できるかどうかが評価の大きなポイントとなろうが，それに加えて，相手の文が聞き取れなかったような場合，"I beg your pardon?" 等の聞き返しの表現が自然に使われているかどうかも，コミュニケーション能力を測る上での重要な評価の観点となるであろう。

⑦においては，内容的な真偽に関する解説ももちろん必要であろうが，many と much の選択に関わる文法的解説も丁寧に行いたい。また，全問正解者等の成績優秀者には，全員で拍手するなどして，褒めてあげたい。

2 活動2 (「時」に関する副詞について)

A．指導のねらい

recently, ago, before の用法に慣れる。

B．指導の流れ

① 次のプリントを生徒に配付する。

WORKSHEET

Class (　　), No. (　　), Name：_____

A：Have you ever ア._____ before?

B：Yes, I have. /No, I haven't.

A：(上でBが Yes と答えた場合のみ) When?

B : イ. _____.

[HINTS FOR PRACTICE]

下線部ア.：

- gone to Kyoto/Hawaii/Tokyo Disney Land ... etc.
- watched a UFO/a baseball game in a stadium/the movie "Gone with the Wind" ... etc.
- read *Kokoro* by Soseki Natsume/*Kinkakuji* by Yukio Mishima ... etc.
- written a love letter
- slept during a lesson

下線部イ.：

ten minutes ago, three days ago, a week ago, four years ago, a long time ago, recently, ... etc

② 上の WORKSHEET の中の会話（インタビュー）を，[HINTS FOR PRACTICE]を参考に下線部を自由に埋めて，適当に相手を変えて行うように指示する。なお，その際，相手の名前と答えを必ずメモするように注意する。

③ 時間を見計らって活動を終了し，下の例にならって，今度は各自が②でとったメモを参考に，インタビューの結果をレポート用紙に書いてまとめるように指示する。

(例) Mr. Yamada said he had slept during the lesson fifteen minutes ago. He also said he liked *"Torasan"* movies and that he had watched one of them three days ago. Mr. Kobayashi said he had written a love letter a week ago but that he hadn't posted it yet. ...

④ 上でまとめた文章を何人かの生徒に発表してもらう。その後，全員のレポート用紙を集めて，授業後点検し，次時に返却す

る。その際，必要に応じて，文法や内容に関するコメントを加える。

C．指導上の留意点と評価

②では，生徒は教室内を自由に歩き回りながら相手を見つけてインタビューを行うわけであるが，この時，積極的に自分からコミュニケーションを図ろうとしているかどうかを評価したい。例えば，

・もじもじしないで自分から積極的に相手に話しかける。
・相手の目を見て話をしたり，聞いたりする。
・相手が No. と答えても，そこですぐに相手を変えず，2つ，3つと別の質問をその同じ相手にする。
・相手の質問に対し，単にそれに答えるだけでなく，話をふくらませるような応答をする。

(例) **A:** Have you ever written a love letter before?

B: Yes, I have.

A: When?

B: A week ago. But I haven't posted it yet.

A: Why?

B: Because I'm afraid she will reject me if she reads my letter.

例えばこのような会話がなされたとすれば，Bの生徒をまず高く評価したいし，また，同時にAの生徒も自然な会話の流れに寄与しているわけであり，評価に値する。

その他にも，相手の発話が聞き取れなかったときに，"I beg your pardon?" 等の聞き返しの表現が使えるか，あるいは，インタビューを終えたとき，"Thank you.", "You're welcome." といった常識的な英語のあいさつができるか，などといった観点も評

価に組み入れることができよう。

　③においては，文章構成や内容のおもしろさもさることながら，まずは，過去完了時制において〈期間を表す語句＋before〉が正しく使えるかどうかをみたい。なお，③は自宅での宿題とし，④での発表は次時としてもよかろう。

6　前 置 詞

A．指導のねらい

1．特につまずきやすい前置詞の使い方について正しく理解する。

2．英語の「カルタ取り」ゲームを楽しむ。

B．指導の流れ

◆事前の準備：

　次のように，前置詞を記した札を厚紙を使って作っておく。(それぞれ，活動させる小グループの数だけ作ること。)

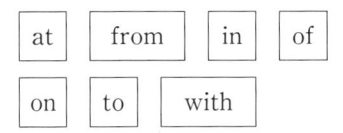

| at | from | in | of |

| on | to | with |

①　生徒を5〜6人の小グループに分け，机を合わせてひとつのテーブル状にする。

②　上で作った前置詞の札をセットにして，それぞれのグループにひとつのセットを配付する。

③　次のようにゲームのルールを説明する。

　「さて，これから「カルタ取り」ゲームをします。先生がこれから読み上げる英文をよく聞いて，その英文に不要な前置詞がつ

いていると思ったら手を挙げなさい。もし，必要な前置詞が欠けている，あるいは，間違った前置詞が使われている，と思ったら，机の上に置いてある前置詞のカードの中からその文で使われるのに最も適当と思われるものを取りなさい。それぞれ，正解者には10点あげます。」

④ 次の英文をひとつずつ読み上げて，上で説明した通りに活動を行う。その際，ひとつの英文を教師が読み上げ，生徒が挙手またはカードを取ったら，そのつど読み上げた英文を板書もしくはＯＨＰ等で生徒に提示し，解説を加えた後，正答を告げることとする。

(1) John will play soccer in this afternoon. (in 不要)
(2) The novel consists eight chapters. (consists of)
(3) We discussed about the problem. (about 不要)
(4) Hiroshi went fishing to the river yesterday.
　　　(to → in)
(5) Our trip began from Sunday. (from → on)
(6) They attend to church every Sunday. (to 不要)
(7) You need to apologize her. (apologize to)
(8) None of us except for Ann had any money. (for 不要)
(9) Tom works hard since morning till night.
　　　(since → from)
(10) The singer is beautiful to look, but she is not good at singing. (look at)

⑤ 生徒は各自自分の点数を集計し，各グループ内で優勝者を決定する。その後，各グループごとに，メンバー全員の得点を集計し，どのグループが最も高得点を得たかを競わせる。

C．指導上の留意点と評価

　この活動では，口頭で導入された英文を聞き取って判断するわけであるが，通例，前置詞は文中では弱く読まれるということを考慮すれば，これはかなり聞き取りについての能力を要求する活動と言えるかもしれない。生徒の能力に応じて，ＯＨＰ等を使って，１文ずつ目に見える形で英文を生徒に提示する方法をとることも考えられよう。いずれにせよ，前置詞が正しく使えるかどうかは，理屈云々よりも，語感としてその表現が身についているかの方が重要な要素と考えられるので，瞬時に前置詞についての適否を判断することが求められる上記の活動は，その意味で意義深いものであると言えよう。

　④での活動中，いわゆる「お手つき」があった生徒には減点等のペナルティを課すこともできるが，そうすることで活動が不活発になってしまうことが予想される場合には，手控えた方が賢明であろう。また，正解となる英文は必ず生徒に音読させて，定着を図りたい。

　⑤では，成績優秀者が間違えた英文の番号をチェックし，なぜ間違えたのかを聞くことにより，生徒の弱点を知ることができよう。そして，その上で，その弱点について，さらに解説を深めることも可能であろう。

　この活動は，生徒が積極的に取り組んでいるかどうかが，生徒の反応や様子から一目瞭然で判別できる。多少教室がやかましくなるくらいが，成功の目安となろう。

7 接続詞

Stage 1
A．指導のねらい
　文章の論旨の流れを正しく理解した上で，その論旨に合った接続詞やつなぎの副詞を使う練習をする。

B．指導の流れ
① 次のプリントを生徒に配付する。

WORKSHEET

Class (　　), No. (　　), Name：＿＿＿＿＿＿＿＿＿＿＿

　次の（　　）の中に適切な接続詞またはつなぎの副詞を書き入れなさい。

1．I like her, and (　　　), I believe in her.
2．He was absent from school too long; (　　　), he has to repeat the same grade.
3．He has to repeat the same grade, (　　　) he was absent from school too long.
4．Leave home by 7:00, (　　　) you'll miss the bus.
5．He came to see me last Sunday, (　　　) May 5.
6．I was tired out, (　　　) I was unable to sleep.

---

② 上記 WORKSHEET の指示に従って，各自答えを書かせる。
③ 時間を見計らって，周りの仲間と答えを見比べさせる。
④ 生徒を指名しながら，正解を確認し，解説する。

◆ （解答）

1. moreover, what is more, in addition, besides, furthermore, 等の「**追加**」を表す副詞（句）。
2. therefore, as a result, consequently, thus, hence, accordingly, 等の「**結果**」を表す接続詞ないしは副詞。
3. because, since, as, for, 等の「**原因・理由**」を表す接続詞。
4. or, or else, otherwise, 等の「**選択**」を表す接続詞ないしは副詞。
5. or, in other words, namely, that is (to say), i.e., 等の「**言い換え**」を表す接続詞ないしは副詞。
6. but, yet, however, still, nevertheless, nonetheless, 等の「**対照**」を表す接続詞ないしは副詞。

⑤　(　)に適語（句）を入れた形で，全員で各文を音読する。

C．指導上の留意点と評価

上記②で皆スラスラと答えが埋められれば問題ないが，そうでなければ，③の後，以下のような選択肢を与えて，そこから適当なものを選択させて，答えさせてもよかろう。

---
that is to say, otherwise, but, moreover, because, therefore

誤答が生徒から提示された場合，なぜその生徒はそのような答えを導いてしまったのかをつきとめなければならないであろう。そして，そこに論理の展開の飛躍や誤解があれば，訂正しなければならない。

Stage 2

A．指導のねらい

1．文章の論旨の流れを明示する接続詞やつなぎの副詞を正しく理解し，使う。

2．それらの接続詞やつなぎの副詞を使って，自由に話を作って楽しむ。

B．指導の流れ

① 教室内の各列の人数を6人にそろえる。(そろわない場合の工夫については③を参照。)

② 次の WORKSHEET A を各列の先頭の生徒に渡し，その後，英語の部分 (1.の英文以下) を黒板に板書する。

WORKSHEET A

( ) 年 ( ) 組　　列番号：(　　　)

1．You must study English hard,

　　or _____.

　　Besides, _____.

　　But _____.

　　In other words, _____.

　　Thus, _____,

　　because _____.

---

③ 先頭の生徒が1.の "You must study English hard," の文を受けて，"or ～" の下線部を埋め，終わったら2番目の生徒がその文を受けて，"Besides,～" の下線部を埋める。以下，同様の手順で WORKSHEET を順に後ろの生徒に送り，1列6人の生徒でひとつのまとまったストーリーのある話をなるべく早く作り上げる。(ここでは，話を創作するスピードも各列で競わせたい。

第11章　品詞　205

もし5人の列ができるようであれば,その列は最後のひとりがふたつの下線部を担当するなどして,工夫を図りたい。)

④ 先頭の生徒が上の WORKSHEET A の自分の担当を終えたら,次の WORKSHEET B を配付し,同様に自分の担当箇所,即ち,最初の下線部を埋めさせる。その後,上の③と同様の手順で WORKSHEET B を順に後ろの生徒に送り,各列それぞれの話を自由に作らせる。また,その間に,教師は2.の英文以下を板書しておく。

WORKSHEET B

(　　)年(　　)組　　列番号:(　　　)

2. I don't like to wear the school uniform,
   because ＿＿＿＿＿＿＿＿＿＿＿＿＿＿＿＿＿＿＿＿＿＿＿.
   To put it more simply, ＿＿＿＿＿＿＿＿＿＿＿＿＿＿＿
   ＿＿＿＿＿＿＿＿＿＿＿＿＿＿＿＿＿＿＿＿＿＿＿＿＿＿.
   However, ＿＿＿＿＿＿＿＿＿＿＿＿＿＿＿＿＿＿＿＿＿.
   Moreover, ＿＿＿＿＿＿＿＿＿＿＿＿＿＿＿＿＿＿＿＿.
   Therefore, ＿＿＿＿＿＿＿＿＿＿＿＿＿＿＿＿＿＿＿,
   though,＿＿＿＿＿＿＿＿＿＿＿＿＿＿＿＿＿＿＿＿＿＿.

---

⑤ 自分の担当の下線部をすべて埋めた生徒と,まだ自分の順番が回ってこないで,手もちぶさたの生徒は,板書されてある1.と2.の英文に続くそれぞれの下線部をすべて自分で自由に考えて埋め,それぞれ自分なりの話を書いてまとめる作業をするように指示する。(各自レポート用紙に書いて,授業後提出とする。)

⑥ WORKSHEET A, WORKSHEET B について,それぞれ一番早く終えた列の代表者に,自分たちの作品を黒板に板書させる。

⑦ それらの作品についてコメントを加えた後,残りの列の作品

についても口頭で発表させ，同じくコメントを与える。

⑧ 授業後，各班の作品を一旦回収して持ち帰り，必要な添削を行い，コメントを書き込んだ後，それらをクラスに掲示して，全員が閲覧できるようにすると，さらにていねいであろう。

C．指導上の留意点と評価

筆者が実際に授業で行ったところ，例えば，WORKSHEET A では次のような作品が出てきた。

> You must study English hard,
> or you'll fail the English examinations.
> Besides, if you don't study it, you cannot communicate with foreigners.
> But English is not the only subject you have to study.
> In other words, you have to study many subjects.
> Thus, you must not waste your time watching TV,
> because you must study not only English but also many other things.

多少短絡的な思考があるものの，ここでは接続詞やつなぎの副詞が正しく理解されて使われていればよしとしたい。（もちろん，それプラス内容的な「深み」のある作品ができればそれに越したことはない。）

⑤は，作業がなくて退屈する生徒がいないようにするための配慮である。生徒が自主的に，まじめに課題に取り組んでいるかどうかを評価したい。また，机間巡視を積極的に行い，必要な支援を与えるようにしなければならない。

⑦では，与えられた接続詞やつなぎの副詞が正確に理解されて使われているかどうかについて，まずコメントしたい。もし，それらが不自然に使われているとしたら，なぜそれではまずいのか

という理由を説明する。また，内容面で興味を引く，おもしろいものがあれば，積極的に褒めてあげたい。

参考書目

[1] 辞書・辞典・事典

荒木一雄・安井稔 (1992) 『現代英文法辞典』, 東京: 三省堂.

Hornby, A. S. (1995) *Oxford Advanced Learner's Dictionary of Current English.* Oxford: Oxford Univ. Press.

市川繁治郎ほか (編) (1995) 『新編 英和活用大辞典』, 東京: 研究社.

石橋幸太郎ほか (編著) (1966) 『英語語法大事典』, 東京: 大修館書店.

小島義郎ほか (編) (1995) 『カレッジライトハウス和英辞典』, 東京: 研究社.

近藤いね子・高野フミ (編) (1993) 『小学館プログレッシブ和英中辞典 (第2版)』, 東京: 小学館.

小西友七ほか (編) (1998) 『小学館プログレッシブ英和中辞典 (第3版)』, 東京: 小学館.

——— (編) (1997) 『ジーニアス英和辞典 (改訂版)』, 東京: 大修館書店.

松田徳一郎 (1999) 『リーダーズ英和辞典 (第2版)』, 東京: 研究社.

Pearsall, J. (ed.) (1998) *The New Oxford Dictionary of English.* Oxford: Oxford Univ. Press.

齋藤秀三郎著, 豐田實增補 (1997) 『熟語本位 英和中辞典 新増補版』, 東京: 岩波書店.

Sinclair, J. (Ed. in Chief) (1995) *Collins Cobuild English Dictionary.* London: HarperCollins Publishers.

Soukhanov, A. H. (Executive ed.) (1992) *The American Heritage Dictionary of the English Language.* Boston: Houghton Mifflin Company.

Summers, D. (Director) (1995) *Longman Dictionary of Contem-*

porary English THIRD EDITION.　London: Longman.
─────(1993)　*Longman Language Activator.*　London: Longman.
竹林滋ほか（編）（1995）『カレッジライトハウス英和辞典』，東京：研究社．
寺澤芳雄（監修）（1993）『BBI英和連語活用辞典』，東京：丸善．
渡辺登士ほか（編著）（1976）『続・英語語法大事典』，東京：大修館書店．
─────（編著）（1981）『英語語法大事典・第3集』，東京：大修館書店．
─────（編著）（1995）『英語語法大事典・第4集』，東京：大修館書店．
山岸勝榮ほか（編）（1997）『スーパー・アンカー英和辞典』，東京：学習研究社．
安井稔（編）（1987）『例解　現代英文法事典』，東京：大修館書店．

[2]　参考文献・引用文献

阿部一（1998）『ダイナミック英文法-生きた英語を使いこなすコツと感覚』，東京：研究社出版．
アラン・ローゼン/福田昇八（1982）『ロックの心　1──ロックで英語を』，東京：大修館書店．
─────(1983)　『ロックの心　2──ロックで英語を』，東京：大修館書店．
─────(1985)　『ロックの心　3──ロックで英語を』，東京：大修館書店．
Azar, B.S.　(1989)　*Understanding and Using English Grammar (Second Edition).*　New Jersey: Prentice Hall Regents.
Biber, D. et al.　(1999)　*Longman Grammar of Spoken and Written English.*　London: Longman.
Broukal, M.　(1999)　*Communicate with Grammar.*　Tokyo: MACMILLAN LANGUAGEHOUSE LTD.
Celce-Murcia, M. and D. Larsen-Freeman　(1999)　*The Grammar Book　An ESL/EFL Teacher's Course* (*second edition*).　The U. S. A.: Heinle & Heinle.
Declerck, R.（著），安井稔（訳）（1994）『現代英文法総論』，東

京：開拓社．

Doff, A. et al. (1983) *Meanings into Words INTERMEDIATE*. Cambridge: Cambridge Univ. Press.

江川泰一郎 (1991) 『英文法解説―改訂三版―』，東京：金子書房．

Granger, C. and J. Plumb (1980) *Play Games With English* (*Book 1*). Oxford: Heinemann International Publishing.

――――(1981) *Play Games With English* (*Book 2*). Oxford: Heinemann International Publishing.

萩野俊哉 (1998) 『ライティングのための英文法』，東京：大修館書店．

――――(1998) 『英語コミュニケーションのための文法/語法演習』，京都：美誠社．

――――(1998) *Active English in Communication and Grammar*. 京都：山口書店．

――――(1999) *New Directions English Grammar*―基礎からの英語・英文法―．京都：美誠社．

―――― (共著) (1999) 『オーラル・コミュニケーション ハンドブック―授業を変える98のアドバイス―』，東京：大修館書店．

羽鳥博愛 (1994) 『基礎からベスト 英文法』，東京：学習研究社．

林育男 (1984) 『ビートルズで英語を学ぼう』，東京：講談社．

岩田一男 (1970) 『英語・一日一言』，東京：祥伝社．

Jones, L. (1992) *COMMUNICATIVE GRAMMAR PRACTICE*. Cambridge: Cambridge Univ. Press.

Jordan, R. R. (1990) Academic Writing Course. London: Collins ELT.

加島祥造 (1993) 『英語名言集』，東京：岩波書店．

小島義郎 (1996) 『コミュニケーションの英語』，東京：岩波書店．

小寺茂明 (1989) 『日英語の対比で教える英作文』，東京：大修館書店．

Leech, G. (1989) *An A-Z of English Grammar and Usage*. London: Edward Arnold.

Leech, G. and J. Svartvik (1994) *A Communicative Grammar of English* (*Second edition*). London: Longman.

マーク・ピーターセン (1988) 『日本人の英語』，東京：岩波書店．

――――(1990)『続 日本人の英語』,東京:岩波書店.

松井恵美 (1979)『英作文における日本人的誤り』,東京:大修館書店.

Milward, P. (著),別宮貞徳 (訳) (1998)『英語の名句・名言』,東京:講談社.

宮川幸久ほか (1988)『ロイヤル英文法』,東京:旺文社.

文部省 (1999)『高等学校学習指導要領』,東京:大蔵省印刷局.

Murphy, R. (1994) *English Grammar in Use* (*Second Edition*). Cambridge: Cambridge Univ. Press.

二宮道明 (1996)『地理統計要覧 1996年版・Vol. 36』,東京:二宮書店.

――――(1999)『地理統計要覧 1999年版・Vol. 39』,東京:二宮書店.

沖原勝昭 (編) (1985)『英語のライティング』,東京:大修館書店.

奥津文夫 (1989)『ことわざの英語』,東京:講談社.

小野経男・宮田学 (1989)『誤文心理と文法指導』,東京:大修館書店.

大津栄一郎 (1993)『英語の感覚 (上・下)』,東京:岩波書店.

Quirk, R. et al. (1972) *A Grammar of Contemporary English.* London: Longman.

――――(1985) *A Comprehensive Grammar of the English Language.* London: Longman.

佐藤喬 (1995)『基礎からベスト 総合英語』,東京:学習研究社.

Seidl, J. (1992) *Grammar One*. Oxford: Oxford Univ. Press.

――――(1992) *Grammar Two*. Oxford: Oxford Univ. Press.

――――(1993) *Grammar Three*. Oxford: Oxford Univ. Press.

――――(1994) *Grammar Four*. Oxford: Oxford Univ. Press.

週刊ST,FRIDAY, MARCH 5, 1999. 東京: The Japan Times.

Sinclair, J. (ed.) (1990) *Collins Cobuild English Grammar.* London: HarperCollins Publishers.

Swan, M. (1980) *Practical English Usage.* Oxford: Oxford Univ. Press.

――――(1995) *Practical English Usage* (*NEW EDITION*). Oxford: Oxford Univ. Press.

Swan, M. and C. Walter (1997) *How English Works*. Oxford: Oxford Univ. Press.

高橋潔・根岸雅史 (1995) 『チャート式 基礎からの新総合英語』, 東京：数研出版,

瀧口優 (1994) 『高校生のためのポップス英文法——英語上達30曲』, 東京：筑摩書房.

帝国書院編集部 (1999) 『地理統計1999年版』, 東京：帝国書院.

Ur, P. (1988) *Grammar Practice Activities*. Cambridge: Cambridge Univ. Press.

―――(1996) *A Course in Language Teaching*. Cambridge: Cambridge Univ. Press.

綿貫陽ほか (1994) 『教師のためのロイヤル英文法』, 東京：旺文社.

Willis, D. (1991) *Collins Cobuild Student's Grammar*. London: HarperCollins Publishers.

Woodward, W. S. (1997) *Fun with Grammar*. New Jersey: PRENTICE HALL REGENTS.

安井稔 (1996) 『英文法総覧―改訂版―』, 東京：開拓社.

米山朝二・佐野正之 (1983) 『新しい英語科教育法』, 東京：大修館書店.

吉田正治 (1995) 『英語教師のための英文法』, 東京：研究社出版.

―――(1998) 『続 英語教師のための英文法』, 東京：研究社出版.

以上

本書で引用した歌と文学作品のリスト

歌

Billy Joel:
   Just the Way You Are　　(1977)

James Taylor:
   Sweet Baby James　　(1970)

John Denver:
   Leaving on a Jet Plane　　(1967)

Neil Young:
   Southern Man　　(1970)

Simon & Garfunkel (Paul Simon):
   Homeward Bound　　(1965)
   Scarborough Fair　　(1966)
   Bridge Over Troubled Water　　(1969)

Solveig Sandnes:
   Marie　　(1998)

Steve Goodman, et al.:
   Death of a Salesman　　(1976)

The Beatles (John Lennon/Paul McCartney, *Taxman*: George Harrison, *Act Naturally*: Vonie Morrison/Johnny Russell):
   I'll Get You　　(1963)

From Me to You　　(1963)
Can't Buy Me Love　　(1964)
If I Fell　　(1964)
Drive My Car　　(1965)
Taxman　　(1966)
Fixing a Hole　　(1967)
It's All Too Much　　(1968)
Two of Us　　(1969)
The Long and Winding Road　　(1970)
Act Naturally　　(1963, 1965)

Paul McCartney:
Too Many People　　(1971)

文学作品

Alfred Lord Tennyson (1809-92):
In Memoriam XXVII

Charles Dickens (1812-70):
David Copperfield

Charles Olson (1910-70):
Herodotus

Gerard Manley Hopkins (1844-89):
"God's Grandeur"

Grace Paley (1922-　):
Art Is on the Side of the Underdog

William Blake (1757-1827):
"Auguries of Innocence"

William Shakespeare (1564-1616):
    Hamlet v.2
    Hamlet iii.1
    King Lear v.2
    Macbeth v.5

以上

あ と が き

　私の前作『ライティングのための英文法』(大修館書店) の「あとがき」で，私は次のように最後を締めくくった。
　「…しかし，文法とコミュニケーションとは決して相反するものではなく，両者は一体となって存在するものである。本書を書き終えた今，この思いはますます強くなるばかりである。」
　そして，そこで述べた「この思い」が本書となって結実したわけである。したがって，本作と前作はいわば「シリーズもの」であり，「文法とコミュニケーションの調和と融合」というコンセプトで一貫している。
　考えてみれば，私自身英国に半年，米国にもトータルで半年以上の滞在経験があり，それなりに英語コミュニケーションについては苦労なく今はできるわけであるが，かといってnative-likeに英語を縦横無尽に操ることなどできるはずもなく，文法の知識をたよりに頭の中で英作文をしたり，英文解釈をしたりすることもある。言ってみれば，私の中では文法とコミュニケーションとは全く矛盾なく結びついており，それこそ少々アルコールが入って，しかも隣に美人の native などがいれば，たちまちそのふたつは見事に融け合って，自然に楽しく英語を使っている自分に気がつくのである。そして，詰まるところ，決して開き直るつもりはないが，それでよいのではないか，と思う (お酒や美人の話は脇において…)。
　「文法＝難しい」とか，「文法＝ツマラナイ」という図式が頭

の中にある生徒は多い。また，そのような生徒を産み出すことは
ある意味では簡単である。しかし，それではあまりにも寂しすぎ
る。生徒に分かってもらいたいこと。それは，英語が使えると何
かいいことがある，ということ。そして，その際，文法を身につ
けておくともっといいことがある，ということである。と言うの
は，より「正しい」英語を話したり，書いたりすることができた
り，より「正確に，素早く」英語を読んだり，聞き取ることがで
きるようになるための土台になるのがまさに文法であるからであ
る。すなわち，私たちが英語を使って「教養ある」コミュニケー
ションをする上で，文法というのはとても大切な基礎となるので
ある。このことをぜひ生徒には分かってもらいたいと思う。

　本書で紹介した"Communication Practice"は，それだけ行
えばその文法項目については完璧に習熟が図れるなどという「万
能薬」のようなものではない。また，実際にやってみればすぐに
わかることであるが，生徒は最初はなかなか思うように動いてく
れず，時間もかかる。そうこうしているうちに，同僚との授業
（教科書）の「進度」の差異も気にかかる。障害は多いのである。
だからこそ教師はしっかりと覚悟を決めてやらなければならな
い。逆に，教師が腹をくくってじっくりと継続して取り組めば，
生徒は必ず変わる。そして，その生徒の変容を見て取ったとき，
教師としての醍醐味がジワリと心に染み入るのである。

　　　　　　　　　　　　　　　　　　　萩　野　俊　哉

索　引

あ

一貫性（coherence）　112
音調　13

か

可算名詞　166
数と人称の一致　156
過去分詞（-ed）　105
仮定法過去　149
仮定法過去完了　149
関係詞節　26
関係詞の「非限定用法」　114
関係代名詞　113
関係副詞　114
関係副詞節　112
間接目的語（indirect object）　12
間接話法　161
完了・結果（完了形の）　38
基本的な冠詞の用法　179
疑問詞節　26
旧情報（old information）　12
句動詞　81
経験（完了形の）　38
継続（完了形の）　38
継続用法（関係詞の）　115
形容詞の限定用法と叙述用法　189
形容詞の語順　187
結束性（cohesion）　112
現在分詞（-ing）　105
後置修飾　112
コロケーション　82

さ

使役（受動態の）　81
従属節　24
重文　162
主節　24
述語動詞　80
状態動詞　32, 46
情報の原則（information principle）　12
新情報（new information）　12
先行詞　112

た

第3文型　11
第4文型　11
知覚動詞　105
直接目的語（direct object）　12
直接話法　163
つなぎの副詞　203
動作動詞　46
「時」に関する副詞　197

索　引　219

は

倍数表現 125
被害（受動態の） 81
比較級を強める副詞 192
不可算名詞 166
副詞節 25
分詞構文 105
分詞の限定用法 107
文末焦点化（end focus） 12
法（mood） 136
補語 81

ま

未来時制 25
名詞節 58
命令法 136
目的語 4

any/either と否定語の位置について 175
〈as if [though]〉 148
coherence 112
cohesion 112
direct object（直接目的語） 12
〈each other〉 173
end focus（文末焦点化） 12
indirect object（間接目的語） 12
information principle（情報の原則） 12
〈intended to do〉 62
〈I wish〉 148
〈had better〉 60
〈have/has (got) to〉 59
〈many＋more＋複数名詞〉 192
〈must〉 59
new information（新情報） 12
old information（旧情報） 12
one（不定代名詞） 172
one, both, any, either, neither の用法 175
〈S＋V＋O＋to不定詞〉 89
〈The＋比較級～, the＋比較級…〉 126
to 不定詞 97
top-heavy 72
〈unless〉 136
〈was/were going to do〉 61
whether節 26

[著者紹介]

萩野俊哉（はぎの　しゅんや）
1960年新潟県小出町生まれ，柏崎市育ち。
1984年東北大学文学部英語学科卒業。
現在，新潟県立新潟向陽高等学校教頭。
[著書]『ライティングのための英文法』(大修館書店)，『英文法指導Q＆A』
(大修館書店)，文部科学省検定教科書 *GeniusEnglish Course*（*Revised*）*I, II*,
Genius English Readings（*Revised*）（以上大修館書店，共著）など。

英語教育21世紀叢書

コミュニケーションのための英文法

ⓒHAGINO Shunya, 2000　　　　　　　　　　NDC375 / viii, 220p / 19cm

初版第1刷 —— 2000年4月20日
　第3刷 —— 2009年4月20日

著　者 ——— 萩野俊哉
発行者 ——— 鈴木一行
発行所 ——— 株式会社大修館書店
　　　　　　〒101-8466　東京都千代田区神田錦町3-24
　　　　　　電話03-3295-6231（販売部）/ 03-3294-2355（編集部）
　　　　　　振替00190-7-40504
　　　　　　［出版情報］http://www.taishukan.co.jp

装丁者 ——— 中村慎太郎
本文イラスト — 赤坂青美，KAKU
印刷所 ——— 文唱堂印刷
製本所 ——— 難波製本

ISBN978-4-469-24452-6　Printed in Japan
Ⓡ本書の全部または一部を無断で複写複製（コピー）することは，著作権法上
での例外を除き禁じられています。

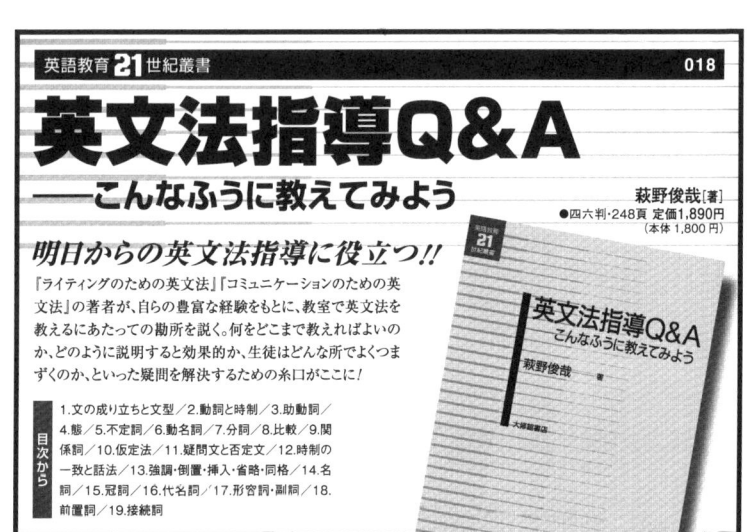

英語教育 21世紀叢書　018

英文法指導Q&A
――こんなふうに教えてみよう

萩野俊哉[著]

●四六判・248頁 定価1,890円
（本体1,800円）

明日からの英文法指導に役立つ!!

『ライティングのための英文法』『コミュニケーションのための英文法』の著者が、自らの豊富な経験をもとに、教室で英文法を教えるにあたっての勘所を説く。何をどこまで教えればよいのか、どのように説明すると効果的か、生徒はどんな所でよくつまずくのか、といった疑問を解決するための糸口がここに！

目次から　1.文の成り立ちと文型／2.動詞と時制／3.助動詞／4.態／5.不定詞／6.動名詞／7.分詞／8.比較／9.関係／10.仮定法／11.疑問文と否定文／12.時制の一致と話法／13.強調・倒置・挿入・省略・同格／14.名詞／15.冠詞／16.代名詞／17.形容詞・副詞／18.前置詞／19.接続詞

大修館書店　　　書店にない場合やお急ぎの方は、直接ご注文ください。☎03-3934-5131

英語教育 21世紀叢書　017

パラグラフ・ライティング指導入門
――中高での効果的なライティング指導のために

大井恭子[編著] 田畑光義・松井孝志[著]

●四六判・288頁 定価2,100円
（本体2,000円）

本格的な英作文指導を!――とお考えの先生へ

「パラグラフ・ライティングといってもどう指導すればいいか？ よい教材は？」その答をこの本の中にご用意しました。パラグラフ・ライティングとは何か？ どうステップを踏んで指導していけばいいか？ 中高での実践例をもとに、英作文指導法を懇切丁寧に解説します。高校・大学入試の自由英作文対策資料も収録。

目次から
- 第1章　高まるライティングの重要性について
- 第2章　パラグラフ・ライティングとは何か
- 第3章　パラグラフ・ライティングへの「橋渡し」指導
- 第4章　ステップを踏んだパラグラフ・ライティングの指導
- 第5章　長期的評価　誤答分析
- 第6章　これからのライティング指導に向けて
- 〈資料〉入試対策　1.高校入試編 2.大学入試編

大修館書店　　　書店にない場合やお急ぎの方は、直接ご注文ください。☎03-3934-5131

2009年4月現在

ライティングのための英文法

萩野俊哉 [著]
ロバート・ジュベ [英文校閲]

1998年度
外国語教育研究奨励賞
受賞!!

英文法──
生徒はここでつまずく!!

生徒がおかす文法上の誤りにはパターンがある。本書は、そうした典型的な誤りを含む生徒が実際に書いた英文を材料に、「書く」ために必要十分な文法事項とそれらを教える際のポイントを懇切丁寧に解説する。ライティング指導に役立つだけでなく、英文法全般、英語の発想まで学べる、英語教師必読の書。

● 四六判・並製・230頁
本体1,800円

大修館書店　　書店にない場合やお急ぎの方は、直接ご注文ください。Tel.03-5999-5434

総合コミュニケーション英語文法

岸野英治 [著]

英語を「話し」「書く」観点から編まれた、コミュニケーションのための英文法書。人間の多様な発想を類型化し、それらが英語でどのように表現されるかを体系的に示している。要を得て簡潔な解説、詳しいNOTEに加え、日常的な場面を表した豊富な例文により、参考書としてはもちろん文例集としても使える。

● A5判・498頁　定価3,780円（本体3,600円）

目次
1章 現在の表し方／2章 過去の表し方／3章 未来の表し方／4章 仮定・条件の表し方／5章 使役の表し方／6章 命令・指示の表し方／7章 許可・禁止の表し方／8章 依頼・勧誘の表し方／9章 提案・申し出の表し方／10章 意志・意図・決意の表し方／11章 推量・可能性の表し方／12章 原因・理由の表し方／13章 目的・結果の表し方／14章 対照・譲歩・様態の表し方／15章 比較の表し方／16章 強調の表し方／17章 欲求・願望の表し方／18章 受身の表し方／19章 文と文のつなぎ方(1)／20章 文と文のつなぎ方(2)／21章 文と文のつなぎ方(3)／22章 文のちぢめ方／23章 否定の表し方／24章 疑問の表し方／25章 感情の表し方

待望の「発信型」総合英文法書、誕生!!

大修館書店　　書店にない場合やお急ぎの方は、直接ご注文ください。☎03-3934-5131

2009年4月現在

英語感覚が身につく実践的指導 コアとチャンクの活用法

田中茂範・佐藤芳明・阿部 — 著

コアとチャンクで英語力アップ！

暗記に頼りがちだったイディオムや文法事項などを、
意味の中心的概念(コア)を基に新たな視点で解説する。
また、情報の最小単位(チャンク)の活用で真の英語コミュニケーション力の養成を図る。
さらに、各章に授業向けにコアとチャンクを使った指導のアイディアを加え、
授業での効果的な活用法を提案する。

目次 ─────
語彙編─基本動詞の意味世界／語彙編─前置詞の意味世界／文法編─新しい教育英文法の考え方
チャンキング・メソッド─会話と読解／チャンクを使うノウハウ

●A5判・280頁
定価1,800円(本体1,800円)

大修館書店　　　書店にない場合やお急ぎの方は、直接ご注文ください ☎03-3934-5131

文法項目別 英語のタスク活動とタスク
34の実践と評価

高島英幸 編著

教室言語活動の集大成──理論と実践の両面から

限られた時間で、言語習得・学習の効率を最大限高めるためには、どのような文法説明をし、いかなる言語活動をすればいいのか？ 小学校から高校まで、「実践的コミュニケーション能力の育成」につながる授業の形と評価法を、理論に裏付けられた実践例で紹介する。言語活動を評価する具体的な文法項目別観点付。

主要目次
- 第1章 実践的コミュニケーション能力の育成に必須の言語活動
- 第2章 タスク活動・タスクなどの言語活動の実施と評価
- 第3章 タスク活動・タスクの具体例と評価
- 第4章 小・中・高等学校における英語教育の連携
- 第5章 用語の解説

●A5判・306頁 定価2,520円(本体2,400円)

大修館書店　　　書店にない場合やお急ぎの方は、直接ご注文ください ☎03-3934-5131

2009年4月現在